作文宿題が30分で書ける！

秘《ひ》密《みつ》のハーバード作文

ソン・スッキ 著

岡崎暢子 訳

➡P2〜48
お母さんお父さんが読んでください。

➡P49〜191
子どもが自分で読んでみよう！

CCCメディアハウス

To parents

おうちの方へ

ハーバード大生みたいな1日10分作文で奇跡が起きる!?

次のうち、小学生のお子さんの最近の様子で当てはまることはありませんか？

- □高学年に上がってから、国語が難しいと言い出した。
- □真面目に塾通いしているのに成績がぱっとしない。
- □ドリル問題に取り組んでも集中力が続かない。
- □本は読んでいるが、尋ねても内容を説明できない。
- □グループディスカッションや発表当番の前日は頭を抱えている。

□しゃべり方が稚拙で、語尾まではっきり言わずあいまいにしがち。

子どもたちのこうした傾向は、すべて国語力不足に起因しています。**国語力には、「読む」「書く」「聞く」「話す」の四つの技能すべてが含まれます。**

国語力が乏しいと、国語の勉強にとどまらず、算数や理科などの理数系分野はもちろん、美術や体育といったほかの科目でさえ正しく理解し身につけることが困難です。

もっと言えば学校生活そのものにも影響します。国語力がままならなければ、中学・高校・大学、そして社会に出ても、ひいては人生全般においても、さまざまな問題が付きまとうのは容易に想像できます。

だからこそ国語力は小学生のうちに身につけるべきなのです。**「国語力こそが真の経済力」**と主張する人さえいるほどですから。

国語力＝考える力

お子さんの国語力を伸ばすには、どんな方法が効果的なのでしょうか？「日記を毎日つけさせる」「漢字を学ばせて語彙を増やす」「文法の特訓」「ことわざや故事成語を覚えさせる」「学習まんがシリーズを買い与える」……。なるほど、いろいろな方法がありますが、国語力を伸ばすためには、実はどれも決定的な方法ではありません。問題解決のためには、原因の究明が肝心ですよね？　結論から申し上げると、子どもの国語力が低い原因はただひとつ、**「思考力の不足」**にほかなりません。国語力不足がそのまま思考力不足につながっているのです。

〝作文機能不全〟に悩まされる子どもたち

ライティングを苦手とする人たちの多くが、こんなことを訴えます。

「文章を書くこと自体に興味がわかず、対策もしてこなかった」

「文章のまとめ方がわからない」

「納得いくものが書けないから続かないし、結局まともな文章が書けないままだ」

どうやらみなさん、〝作文機能不全〟に陥っているようですね。〝作文機能不全〟とは私が作った造語で、「文章が書けない、またはそれによって実力や能力が発揮できない慢性的な症状」を指しています。

作文機能不全がもたらす致命傷は、単に「作文下手な人」という評価に留まらず、「仕事ができない人」といったマイナス評価をされかねないところにあります。職場などで一度そのレッテルを貼られてしまうと、その後の昇進はもちろん、年俸アップさえ遠のいてしまいます。

作文機能不全は作文を学び始めた小学生も例外ではありません。あなたのお子さんも、次のような壁にぶつかっていないでしょうか。

□体験学習や遠足の感想文もイヤイヤで、1行書くのがやっと
□文章はそこそこ書けるのに肝心なことが抜け落ちている
□作文の宿題を開いても気が散ってなかなか進まない
□文章が冗長で言いたいことがわからない
□知識は豊富なほうだと思うが、記述問題には毎回手こずっている
□テストでは時間が足りず最後まで書けなかったと言い訳する
□読書は好きなのに、作文はなぜか苦手

これらは作文機能不全の初期症状にほかなりません。

作文機能不全の子どもたちは、学年が上がるほど、記述問題などの文章で答えるテストでも

つまずきがちです。授業についていくのがつらくなり、国語嫌いになる子も出てきます。肝心な国語をあきらめてしまっては、先々の大学入試どころの話ではなくなります。国語に対する苦手意識が濃厚になる前の小学生のうちに対策を講じるべきなのは、そういった理由もあります。

論理的な作文力が「メタ認知」を鍛える

小学生の作文機能不全の原因は思考力不足によるものです。国語力の伸び悩みも、作文に手を焼くのもこれが原因です。ならば、思考力を伸ばすためにどうすべきなのでしょうか。

韓国の小学校では、4年生のカリキュラムから論理的思考力が求められる内容になり、子どもたちがロジカルに考えて表現する思考力が身につけられるよう導いています。

ロジカルに考える力が足りないと「メタ認知」(学んだことを自分がしっかり理解できているかどうかを自覚する能力)が劣るため、自主学習が困難になります。勉強が得意な子どもたちというのは、実はこのメタ認知能力が優れているのです。

オンライン学習がますます普及するにつれ、今後はこのメタ認知能力がひときわ重要になってくるでしょう。

21世紀の未来を担う人材の育成を目標とするアメリカでは、こうした思考力を育てるためにも、小学生のうちからロジカル・ライティングの実践に注力しています。論理的な思考力を育てるには、論理的な文章を書くことが最善の策だからです。

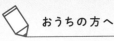

「オレオ公式」でロジカル・シンキングを鍛えよう

小学生の子どもたちの論理的思考力を伸ばすため、アメリカの小学校で日課にしているのが「オレオ作文法（OREO Writing Method）」（以下「オレオ公式」）です。本書は、この作文法をベースに考案した作文のトレーニングメソッドが学べるように構成されています。

このオレオ式ライティングメソッドこそ、ハーバード大学の学生たちが4年間徹底的にたたき込まれるライティング術であり、世界中の優秀な頭脳が集まるマッキンゼー・アンド・カンパニーなど一流企業でも導入されている、ロジカル・シンキングを鍛えるためのテクニックです。

一般的に、小学4年生くらいになると、子どもの精神は次の段階へと成長する準備を始めます。それまでは表現が未熟でも「まだ幼いから」と許容されていたものが、小学4年生くらいから、理解した内容を整理して表現することが求められるようになるからです。

このことは当然、学校のさまざまな授業でも求められるため、子どもの精神をロジカル・シンキングの基礎段階に成長させる手助けが必要です。つまり、小学4年生をめどにお子さんの思考能力を飛躍的に成長させる〝ブースト〟が必要になるのです。

心の離乳食は簡単です。この本で紹介する「オレオ公式」で毎日10分ずつ、4つの文章を書けるように、お子さんをサポートするだけです。

「私だって作文が苦手なのに、子どものサポートができるか不安」ですって?
それなら心配は御無用です。フィギュアスケートで活躍したキム・ヨナさんのお母さんがフィギュアスケートの名手ではなかったように、親がその道の達人である必要はありません。
子どもたちは学校で作文を習っています。体験レポートや感想文、記述問題など、子どもが書いたものへの評価は学校の先生が担ってくれています。お母さんお父さんは、ただ、お子さんが毎日10分だけ作文に取り組めるように手伝ってあげるだけで十分です。何よりも、お子さんに合わせたレベル設定や子どもの興味や生活習慣を考慮した作文のサポートと応援は、いつもそばにいるみなさんにしかできないことです。

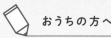

ハーバード大の学生みたいに、1日10分作文で奇跡が起きる!?

人文学のエキスパートとして数々のベストセラーを持つ作家チョ・スンヨンさん。私がチョさんと最初に出会ったのは、彼がまだ22歳の時でした。その時点ですでに「勉強もテクニックだ」というテーマで単行本1冊分の原稿を書き上げていたポテンシャルには目を見張りましたが、後日、その本のヒットによって得た莫大な印税を次の留学費用に充てて、学びを深めたことにはもっと驚かされました。

そんなチョさんも、小学生の頃は国語が苦手だったといいます。彼が人文学の専門家にまで成長できた裏には、どんな秘訣があったのでしょうか？　チョさん曰く、勉強をするときは

「単に自分が得た知識や情報をまとめるだけではなく、**それを消化して自分の考えにし、論理的に表現するように心がけてきた」**のだそうです。みなさんのお子さんも、オレオ公式で論理的に文章を書く練習を続ければ、そうした未来も夢物語ではないのですから、とても希望の持てる話です。ひょっとしたら、思わぬ才能を開花させ、ハーバード大生のようなライティングスキルを持った「ハーバード・キッズ」に育つ可能性だって十分あります。

実際、ハーバード大学で20年にわたってライティング講師を務めてきたナンシー・サマーズ教授も、「子どもの頃から作文を習慣にして育った学生は、ライティングスキルが桁違いだ」と証言しています。

「オレオ公式」を九九のように覚える

本書は、ハーバード大学の学生たちが4年間かけて学ぶ「ロジカル・シンキングの秘法」を、オレオ公式ひとつに整理し、特に小学4年生前後の子どもを想定して、やさしく楽しくスピーディに身につくようにまとめたものです。また、お子さんが自分でワークできるように構成した「ライティングのホームトレーナー・プログラム」でもあります。

まずはお母さんお父さんがさっと一読したのち、お子さんにプレゼントしてあげてください。先に目を通しておくことで、お子さんのトレーナー役を担うことに対する心理的なハードルも下がると思います。

子どもたちにはぜひ、**この本でオレオ公式を九九のように覚えて、のびのびと羽ばたいてほしい。**お子さんには、この公式が、甘いクリームとカカオクッキーが絶妙にマッチするオレオ・クッキーを食べるときのように、ウキウキした気分で作文が書けるテクニックだと伝えてください。作文は実はそれほど難しくありません。自分の考えと材料を集めてブロック遊びのように組み立てればOKであること、書き始めたらゲームみたいにどんどん楽しくなるということも付け加えてください。

さっそく、1日に10分間、お子さんとオレオ公式でライティングの練習をする時間を設けてみましょうか。きっとずっと先の未来、お子さんはあなたにこう言うでしょう。

「ありがとう。小学生の時、私にロジカルな考え方を教えてくれて」

この本でできること

1　1日10分の作文時間で「思考力」を健やかに育てる

論理的な考え方を身につけるためにハーバード大学の学生が4年かけて学ぶロジカル・ライティングの授業内容を、お子さんが楽しく無理なく身につけられる「オレオ公式」にまとめています。この公式をベースに、ロジカル・ライティング力はもちろん、発表や討論などにも生かせるコミュニケーション力を育てます。

2　あらゆる教科の理解に必要な「国語力」を伸ばす

思考力を伸ばすためには作文がもっとも高い効果を期待できます。オレオ公式を九九のように覚えて活用できれば、思考力がぐんぐん鍛えられる上、「聞く」「話す」「読む」「書く」といった国語力も同時に強化されていきます。あらゆる勉強は国語力があってこそ。国語力の向上は、ほかの教科の理解向上にもつながります。記述式のテストやプロジェクト発表、グループディスカッションに尻込みしていたお子さんの苦手が得意に変わります。

3　受験・就活・ビジネスでも一生使える「ライティング力」を育てる

オレオ公式で書く練習を毎日10分続けるだけで、ロジカルな考え方が身についていきます。この機会に、お子さんが世界最高レベルのハーバード式エッセイ・ライティングにチャレンジできるよう、応援してください。ロジカルなエッセイが書ければ、大学入試の小論文や自己PR、面接の準備など、さまざまな難局もどんと来いです。ロジカルに考えて文章化できる力は、お子さんの将来の希望や成功に必ずや強い味方となってくれます。

目次

第0章

ハーバード・キッズの誕生

※※おうちの方へ※※

お子さんの未来のために親ができるたったひとつのこと

おうちの方へ

ハーバード大学が150年以上も前から作文を教え続けている理由

「ロボットは東大に入れるか？」。2011年、東京大学に入学できるほどの十分な学力を携えた人工知能ロボット「東ロボくん」が入学試験に挑みました。日本が生んだ人工知能（AI）のエキスパート、新井紀子教授がプロジェクトを指揮したユニークなこの挑戦。その結果はなんと、不合格！ 以降、4回のリベンジもむなしく、結果はいずれも惨敗。ロボットの挑戦は2016年についに凍結となります。

「東ロボくん」が東大入試に失敗した理由として、新井教授は「読解力不足」を挙げています。「人工知能ロボットは、意味が理解できてこそ課題処理が可能である」というのが教授の導いた結論でした。加えて、「もし将来的に、人間が高度な読解力をベースとした判断ができなくなったときこそ、AI頼みになりかねない」と警鐘を鳴らし、子どものうちから読解力の育成に注力すべきだと強調しました。

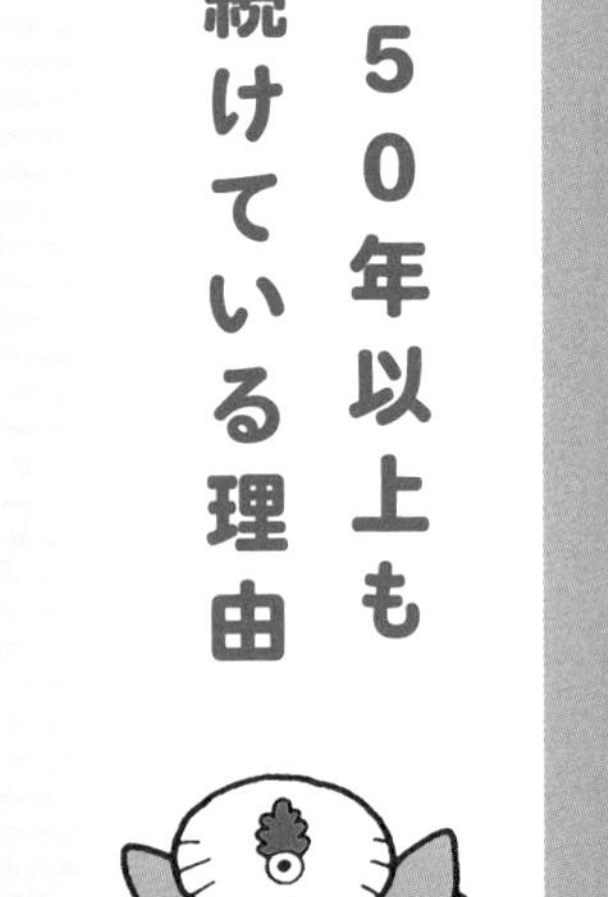

読解力は、事実関係を正しく把握して論理的に導く力であり、ロジカル・シンキングという土台なしでは機能しない能力です。

小学4年生以降の勉強では、この論理的思考力が大きくモノを言います。論理的に考えて表現できる子どもは、そのくらいの年齢から学力で頭角を現し始めます。

さて、このあたりまで読み進めたみなさんは、そろそろ気になっているでしょうか？　「果たしてうちの子は論理的に物事を考えることができるだろうか？」「ロジカルな思考力を育てるにはどうすればいいのかしら？」と。

優れた思考には優れたライティングが欠かせない

韓国で10万部のロングセラーとなっている拙著『150年ハーバード式ライティングの秘密』。小学生向けの本書のベースとなっているものですが、私がこの前作を書いた動機は、ハーバード大学のライティング術が取り立てて珍しかったからではありません。むしろ私が着目したのは、ハーバード大学という世界的な名門大学が、150年以上も前から作文教育にこだわってきたことのほうでした。ハーバード大学の学生は在学中ずっとライティングを学びます。1〜2年生のうちは、専攻や学年にかかわらず必修科目に組み込まれているほどです。

ハーバード大学がこれほどまでに作文教育にこだわるのは、学生たちを社会の各分野でリーダーとなる人材に育成しようという狙いがあるためです。つまり、ハーバード大学は、**リーダーに欠かせない卓越した思考能力を育成する手段として、ライティングを選んでいる**のです。

ハーバード大学に限らず、世界中の名だたる大学が作文教育に力を入れています。欧米先進国では、企業も、役員以下すべての従業員のライティング教育に投資を惜しみません。コロナ禍を経験して身に染みたように、予測もつかない出来事や社会的変化の中で企業が生き残るには、社員一丸となって革新的に考え、コミュニケーションし合うことが重要なのです。そしてその中心にあるのが論理的な思考力というわけです。思考力を育てるのに書くことほど適したものはないという理由から、ライティング教育に熱心なのです。

アマゾンもライティング力

世界随一のECサイトであるアマゾンでは、報告や会議においてパワーポイントの使用を禁止しています。会長が出席する会議での書類に始まり社員同士がやりとりする報告書まで、すべて箇条書きの文書で簡潔に作成するよう取り決められているのです。ジェフ・ベゾス会長は、これでこそ議題がクリアに考察でき、迅速かつ正確にコミュニケーションすることが可能であるとしています。

このように、企業側が会社の生き残りをかけて作文教育に投資する以上、学生を送り出す大学側も、学生たちのライティング力に対して口酸っぱくならざるを得ません。

思考力そのものが力となる時代において、書くという行為は思考力を磨くための最良かつ、唯一の手段です。

ここでもう一度、話を子どもに戻しましょう。お子さんは、論理的に考え、学んだことを理解しているでしょうか？　また、学んだことを論理的にわかりやすく書く力はありますか？

実力不足のレッテルを貼られないために

AIが身近にある現代にあって、ライティングを学ぶ人はむしろ急増しています。SNSなど文章で発信する機会が以前より増えたせいでしょうか。公私を問わず、文章がつたないと単に作文が苦手な人という印象にとどまらず、その人の実力自体を疑われかねないからです。こうした先入観を与えてしまうと、それを払拭することは容易ではありません。

逆に、**文章力のある人は、作文がうまい人という印象を超え、能力のある人材として認められます。**

職場で遂行する業務の多くは作文が命です。特に、不特定多数の人に誤解なく読ませる文章や、**相手の心をつかむ文章が書けるライティング力は、読み手側に関心やお金、時間を差し出させることができるもので、大変重宝されます。**今やプロフェッショナルの必修科目になりました。

小学生でも、論理的な思考力を持つ子どもはハキハキと発表したり、簡潔な文章で要点をまとめて書けるものです。こうした子どもたちは、ライティング力でほかの生徒たちより頭ひとつ抜きんでるだけでなく、その子ども自身の自尊感情も高まります。

このように、小学校から職場にいたるまで、ライティング力ひとつで周りから一目置かれる存在になれるのです。職種や職務を問わず、作文力がもっとも求められるスキルとなるのもうなずけます。文章が上手に書けるということは、深く考え抜く力や説得力、広く影響を与えられる力の持ち主であるということを証明するのも同然です。勉強も仕事も人生も、望みどおりの成果を出して実力を認めさせるために重要なのは、一にも二にも作文です。また、不思議なことに**このライティング力は、一度身につけたら一生衰えることがありません。**

こうしたさまざまな理由が、ハーバード大学が150年以上もの間、作文教育にまい進してきた背景です。それでも、ハーバード大学の卒業生の90%が、「在学中にもっとライティング術を学んでおくべきだった」と後悔しているというから驚きです。エリートの彼らも、文章の書き方は小学校の作文の授業からスタートしています。幼い頃から「論理的に考えて書くこと」を学んできたのです。

おうちの方へ

ユーチューブも書く力が命

物書きで食べている人間として、私も少し前までは、「どんなにAIが発達しようと、書くという仕事に怖いものはありません」と胸を張っていました。ところが、AIがニュース記事や株式の分析レポートを書いただの、人間のコピーライター顔負けの筆力でマーケティング契約をまとめ、小説家や詩人よりも優れた作品を生み出しただのというニュースを聞くにつけ、心中穏やかではなくなりました。そしてこんなことを考えました。

「仕事に必要な作文はAIで十分こと足りるのに、私たちがライティングを学ぶのは何のため？」

時代はユーチューブ一色です。お金を稼ぐことも、学びもユーチューブで解決できます。ご存じのとおり、ユーチューブは主におしゃべりと映像でメッセージを伝えるプラットフォームです。だからこそ、こんな疑問を抱きます。

「おしゃべりと映像で解決できるのに、それでもライティングが必要なの？」

コロナ禍でステイホームを余儀なくされる間、ビジネスや教育など日常生活のあらゆる場面でオンライン化が急速に進みました。コロナ以前とは違って、今や、スマホひとつあれば、学びも仕事もどこからでも可能となりました。

「じゃあ、もうライティングは本当に必要ないんじゃないの？」

それにもかかわらず、ライティングが大切な理由

こうした急速に変化する社会とライティングの結びつきについて悩んだ私の答えは、ただひとつです。

「それでもやっぱり、ライティングは重要で必要なものであり、練習すべきものだ」

AIが文章を作成してくれる時代だからこそ、むしろ人間が考えて書くライティングが一層重要なのです。なぜならば、**思考そのものが力となる時代に突入**したからであり、その思考力を鍛えるためにも、ライティングが不可欠だからです。**ライティングはコミュニケーション手段にとどまらず、考えるという行為そのものです。**思考力は、ほかの動物にもAIにもない、

人間ならではの能力です。たとえ仕事をＡＩに明け渡すことになったとしても、そのＡＩを生み出し、活用できるようにする根幹である思考力だけは、人間が守り続けなければならないものです。

ユーチューブだって、意味のあるコンテンツを言葉と映像で伝えてこそ番組が支持されます。意味を持つ思考を鍛えられるのはライティング練習だけです。特にオンライン上で仕事をしたりコミュニケーションをはかろうとするならば、その意図をすばやく伝達することが求められます。それには書いてまとめることが一番なのです。

これがＡＩ時代、オンライン時代でも、ライティングが必要とされる背景です。

お子さんたちの世代になればますます生活にＡＩが浸透しているでしょう。だからこそ、**今からライティングを始めて考える力を鍛え、ＡＩを活用する側にならなくては**。これが、子どものうちからロジカルなライティングに取り組むことを勧める理由です。

プログラミングを学ぶより先にライティングを！

子どもにプログラミングを学ばせたいと思っているお母さんお父さんなら、基礎的なコーディングであるスクラッチのこともご存じかと思います。文法があやふやな子どもでもプログラムが書けるとして、世界中の子どもたちがこのツールで作品を作り、プログラミングで披露したり学び合ったりしています。

このスクラッチを開発したＭＩＴメディアラボのミッチェル・レズニック教授は、「しかしながら、子どもたちには、まずプログラミングより先にライティングを教えるべきだ」と説いています。「プロのライターになりたい子どもは少ないのに、なぜ？」という問いに、教授はこう答えています。

「私たちの暮らしのいたるところに文章があります。ライティングは、人に考え方を教えてくれるものです。**自分自身のアイデアを体系化し、改善して検討する方法を学ぶことができる**ため、ライティングが上達するほど、思考力も高まるのです」

お子さんが憧れている職業――配信者、プログラマー、医師、漫画家、教師、調理師など、**どんな夢もライティング力からその一歩を踏み出せます**。思考力を高め、自分自身を表現し、お子さんが願う未来を手に入れる。それにはライティング力が強い味方となってくれるのです。

おうちの方へ

ライティングのゴールデンタイムを死守しなさい

「この先、紡績工場はスタッフ1人と犬1匹を雇えば十分さ。犬は機械を守るために必要だし、人間はその犬にエサをやるために必要だからね」

これは経済学者が集まる席で交わされたジョークだそうです。笑って聞き流すには皮肉が過ぎるようですが、これは何も紡績工場に限った話ではないといいます。

2020年、日本の公的年金を運用するGPIFの最高投資責任者を務めていた水野弘道氏は、ソニーコンピュータサイエンス研究所にAIを使った〝サイバーハウンド〟の構築を依頼しました。GPIFが当時保有していた約200兆円もの資産を運用する外部ファンドマネジャーの監督作業をサポートするためだそうです。

このプログラムが成功すれば、この監視ソフトが、コンフォートゾーンに甘んじている投資家をキャッチしたり、過去実績に基づいて潜在的なポートフォリオ・マネージャーを選別する

ことができ、さらには、利益を生み出すのは運かテクニックかの判断までもが可能になるのだとか。水野氏はこのプログラムについて、「現在の運用方法を改善するための実験の一環」だと述べています。

こうした急速なAＩの進化に対し、私を含む40代以上の世代の大人たちは、「なるほど」と受け入れながら過ごしてもさほど支障はないでしょう。問題は子どもたちです。彼らの世代に向けて、大人たちは何がしてあげられるでしょうか。

そうです。ここでもやはり、答えはひとつ。ロジカルな思考力を鍛えることです。私たちは子どもたちにロジカル・ライティングを教えて、論理的な思考力を育てられるようサポートしていけばいいのです。

小学生のうちから論理的に考え、コミュニケーションができるようになれば、将来、ハーバード大卒クラスのリーダーに成長できるでしょう。もちろん、AＩを上手に活用しながら。これこそが、21世紀を生きる子どもたちに速やかに施すべき教育だと思います。

頭が固くなってしまう前に

「勉強するにも、頭の中で準備ができていなければなりません。視野を広く持ち、見識も広げるべきです。**読書や作文は、この勉強の下地作りにもっとも有効な手段です。下地がうまくできれば、それまでバラバラだった知識がひとつに結びついていきます**。そのためにも正しく読み、スピーディに書けることが不可欠です」

韓国屈指の漢学者であるチョン・ミン教授の言葉です。多くの専門家が、幼いうちから作文に取り組ませることで、子ども自身が自分で考えて、その考えを整理し、表現して伝達することに慣れていくと述べています。

チョン・ミン教授の言うように、子どもの脳に勉強を受け入れる準備ができていれば、学んだことをすばやく理解して自分のものにできます。学校でもあらゆる教科で発揮でき、テストだって怖いものなしです。

こうした奇跡みたいなことを実現する上で大切なのは、子どもの頭が柔らかいうち、つまりゴールデンタイムを逃さないようにすることです。

「うちの子、4年生になったら急に国語が難しくなったと言うんです」

保護者の方からよく寄せられるお悩みです。実際、韓国の国語教育は小学4年生から難易度が上がります。3年生までは、「聞く」「話す」の技能に関する内容を聞いていればいいのですが、4年生からは、プロジェクト発表やグループ・ディスカッションなどの時間が増え、事柄を分析し表現しながら学んでいかなければなりません。次の5年生ではロジカルな考え方が要求される単元も組み込まれており、その準備過程である4年生の国語が難しくなるのは当然です〔日本では、小学3年生から筋道を立てて考える力の育成に重点が置かれている〕。

国語が苦手だとさじを投げてしまう子どもが出てくるのもこの時期ですが、教育者たちは、**プロジェクト発表やグループ・ディスカッションでよい点数を取るには、「筋道の通った考え方とライティング力があれば問題ない」**と述べています。理路整然と考えて書ける力を早いうちから身につけておけば、国語が急に難しくなっても難なく対応していけるというわけです。

自己流のライティング様式が身についてしまう前に

私がライティング講師を務めている教室の生徒さんたちは、たいていがお年を召した会社員や専門職、中堅公務員の方たちです。こうした十分なキャリアを持つ人たちとのライティングの授業でもっとも苦労するのは、彼らにしみついた自己流のライティング様式を断ち切ることです。大人たちがこれまで積み上げてきた習慣は、新しいライティング法を学ぶ上で大変な障壁となるのです。

その点、子どもたちにはこうした壁がありません。子どもは知らない部分を学び、足りない部分を補うだけ。新しいことに対して変な先入観もないため、学びそのものに集中できるのです。**ライティングのゴールデンタイムが小学4年生前後**なのには、そういう意味もあります。

おうちの方へ

学校が変わりつつある

以前、ある国際高校（韓国の特殊目的高校の一種。グローバル人材育成を目的にした特別カリキュラムの高等学校）から、意外なオファーをいただきました。2年生の生徒たちに向けて、ハーバード大生が学んでいるロジカル・ライティングの授業を1年間行ってほしい、という要望でした。

「意外」と申し上げたのは、通常、こうした依頼は1回限りの特別講義や、放課後学習程度のケースがほとんどだからです。それを1年間も、しかも受験準備で忙しい2年生に向けてというので驚いたわけです。

しかし、ハイレベルな思考力を有する人材育成を目指す教育機関なら、こうした試みは当然のことかもしれません。残念ながらその時は都合がつかず、授業の実現にはいたらなかったのですが、この学校の高次元の教育目標に敬意を表すほかありません。

日本の大学入試においても、知識自体を問う問題ではなく、知識を活用する能力を評価する

記述式の問題が導入されています。たとえば、親子の会話の内容と両者の言い分を説明した文章を読み、自分の考えを80〜120字で書くといったものです。それまでの日本の教育といえば典型的な詰め込み式だったので、この変化には大いに驚かされました。

このように、教育現場が劇的に変化を遂げているその真ん中に、ライティング力がありま す。近い将来、ロジカルな思考力は必須能力となります。それを伸ばすライティング力強化の重要性を再認識した事例でした。

子どもの〝ポップコーン脳〟化を防げ

「第4次産業革命に対応する短期戦略と適応力は、逆説的に考えると、長期を見据えた基本的な実力から生み出されるものだ。つまり、**世の中がどう変わろうとも、求められる真の競争力は人間の考える力、いわば〝基礎知力〟がカギを握ることに違いはない**」

韓国科学技術院（KAIST）のチョン・ジェスン教授が、あるインタビューで述べた言葉です。チョン教授は、基礎知力をつけるために、ロジカルな推論やコンテクストの理解に加え、批判的思考、創造的思考などをベースに問題を解決していく力を育てるべきだとしています。ならば、子どもの問題解決力を育てるにはどうすべきなのでしょうか？

ＡＩが将来的に子どもたちの食い扶持《ぶち》を奪うと危惧する声も多い中、一方で子どもたちは今、目の前にあるゲームやインターネットに熱狂しています。こうしたデジタル生活が、子どもたちの大事な脳を刺激的なことにしか反応できない〝ポップコーン脳〟に退化させているという研究発表があります。**ポップコーン脳は長文を読み取る力がなく、3行4行といった短い文章さえうまく書けません**。フェイクニュースに振り回され、指先で拾ったネットの情報や知識を自分の考えと混同します。

こうした子どもたちが増えるにつけ、保護者や指導者たちは子どもの思考力強化に早急に乗り出すべきと感じながらも、どうすべきか手をこまねいています。塾などの外部に丸投げするか、お手上げだとさじを投げるかのどちらかという由々しき状況です。保護者や教育者が、この本で述べているライティングの効果について一刻も早く気づき、手を打ってくださることを願っています。

アメリカの小学校式、ライティングの力

アメリカの教育当局では、「子どもたちを作家に育てよう」と勧めています。もちろんこれは、詩や小説を書く作家ではなく、ロジカルな作文力を持つ作家級の子どもを育てなさいという意味です。教育当局では、ライティングが、将来的な生活力や学習力やコミュニケーション力、心理的なスキルの核となると強調し、子どもが小学校に上がってから成人になるまで、学校や家庭でその力を開発していけるようサポートすべきだと述べています。まずはたくさん読むこと、そして、読んだことを討論し、文章化して応用するといった活動を積極的に行うこと。**アメリカの小学校では毎日授業の前に15分間、ライティングの時間を設けている**こともそうした理由からです。

表現重視のライティングから、論理的なライティングへ

韓国の子どもたちも、学校や塾で宿題として出されることもあって文章をよく書いていま

す。しかしその宿題の多くは、思ったことを表現したり、感想を述べなさいという表現重視の作文です。もちろん、しなやかな感性を育てていくには、こうした作文も大事だと思います。しかし、**小学校高学年から中学、高校と続く学習過程では、論理的な思考力こそ育てられるべきです。**この貴重な時期に、自分の考えを筋道を通して整理して表すロジカル・ライティングで子どもたちの思考力をアップデートさせるべきなのです。

もちろん、韓国の小学校でも小学3年生からロジカル・ライティングを教えてはくれます。子どもたちはこの頃から、自分の意見を主張する文章を学び始め、6年生では根拠を主張するような作文を教わります。アメリカの子どもたちとどこが違うかというと、韓国の子どもたちは、その手法を学びはしても、実際に書くところまではいかないということです。だからテストで満点を取った学生でさえ、自分の考えを論理的に書けないといった現象が起こるのです。たとえば、新聞記事をうまく書けるようになるためには、たくさんの記事を読み、新聞記事の形式に沿った文章をとにかく書くしかないように、ロジカルな文章を上手に書けるようになるためには、ロジカルに書かれた文章をたくさん読み、ロジカルに書く練習をひたすらするしかないのです。

おうちの方へ

お母さんお父さんは赤ペン先生ではありません

子どもがハーバード大学のメソッドでライティングの練習をする。頑張っているお子さんに、どう接するのが正しいのか不安なお母さんお父さんもいらっしゃることでしょう。心配無用です。まずは、「今日も書いたんだね」「へえ、こんなことがあったの？」と、お子さんが書いたことに反応してください。お子さんたちは、作文の書き方については学校や塾で十分に学習しています。ですから、おうちの方の大事な仕事は、お子さんの書くエッセイの熱烈な読者になることです。お子さんのエッセイについて共感したり、質問したりして興味を示してください。おうちの方の反応が、お子さんのモチベーションアップにつながります。

怒らない、教えない、添削しない

ライティング練習中のお子さんに対して、次のことは避けてください。

●怒らない

お子さんが書いたエッセイを評価しないようにしてください。そのエッセイが不出来だったとしても、推敲を重ねればいいだけなのです。うまく書けなかったとお子さんが落ち込んでいるようなら、「まだこれから修正をすればいいだけだし、ハーバード大学のメソッドに挑戦していること自体がとてもすばらしいんだよ」と、お子さんのやる気をほめて、励ますようにしてください。

●教えない

作文のテクニックをいくつか教えたところで、急に実力が伸びたりはしません。おうちの方が肩ひじ張って教えようとする必要はありません。オレオ公式で書けばロジカルな文章になるのですから、お子さんは毎日書き続けることでその感覚を身につけていきます。みなさんは毎日の練習のペースメーカーの役割をしてあげれば十分です。

●添削しない

お子さんが推敲する段階でも、横から正解を教えるなどの口出しをしないようにしてください。この段階でサポートすべきなのは、テーマについて深く考えたり、素材を整理したりという部分です。お子さんと会話しながら、よりよい文章になるように導いてあげてください。違和感のある考え方がつづられていた場合も、「なぜこう書いたのか」とお子さんなりの考え方を聞き出してください。ひょっとしたら、お子さんの考えと文章が一致していないときもあります。そうした場合は、適切な表現に導いてあげるといいでしょう。

評価せずに、サポートするだけ

経験豊富な大人の目には、お子さんの書いた文章がとても稚拙に見えるかもしれません。親心から語彙のひとつでも差し替えてあげたいと思うところですが、ぐっとがまんでお願いします。お子さんが書いた文章は、そのままお子さんの頭の中の考えです。お子さんの考えも、書いた文章もお子さんのものです。

もし、お母さんお父さんが「もっといい表現があるよ」と簡単に教えてしまったら、子どもは大人が教えた表現を無条件に真似しようとします。その言葉の意味も用例もわからないのに借りてきた言葉を使って書いても、お子さんのためになりません。おうちの方がすべきなのは、むしろ、子どもたちがどこかから借りてきた他人の考えや表現をむやみに使わないよう、きちんと見張ることのほうです。暗記力のいい子は、本やネットで見た内容をそのまま使ったりします。その子に考えがあって使っていればいいのですが、その場しのぎで使っているようなら、そうしたマインドが習慣化する前にきちんと正す必要があります。もし、お子さんが書いた文章で、妙に大人びているとか普段のボキャブラリーと違うなどの気になる点があれば、なぜそれを使ったのか、出処はどこなのかも尋ねてみてください。

毎日生み出されるお子さんのエッセイを読むうちに、お母さんお父さんも、ちょっとくらい稚拙なところがあってもお子さんの文章のとりこになるはずです。いずれ、お子さんのエッセイに感動して泣かされる日もくるでしょう。

言葉遣いを正せば文章も整う

お子さんの普段の言葉遣いを正してあげると、文章も整います。普段から発言するときに語尾まできちんとしゃべらない子どもが少なくないですが、うやむやにせず最後まではっきりと言うように教えてあげてください。ほかにも、何にでも「ヤバい」などの流行語で済ませてしまわないように、適切な場で適切な表現を使うように導いてあげることで、語彙力の低下を防ぐことができます。

また、ロジカルな思考力を身につけるため、次のような言葉を普段から口にするように習慣づけてあげると子どもの思考力が高まります。

●思考力が高まる口ぐせ

「つまり」「なぜかと言うと」「その訳《わけ》は」

こうした言葉を使うようにすると、ロジカルに考えて表現することが日常的になります。

おうちの方へ

機械的にほめるのではなく、フィードバックを

SF小説家のベルナール・ヴェルベールが初めて書いた物語は、「あるノミの記憶」というタイトルのエッセイだったそうです。それを読んだ担当の国語教師は、3段階評価の「普通」程度の点数とともに、次のようなコメントをつづりました。
「ベルナール君のエッセイを読み、大いに笑わせてもらいました。何度も読み返して周囲にも一読を薦めたほど、純粋に読者としての楽しみを味わいましたよ。ただし、スペルミスが5つもあり減点せざるを得なかった点が実に惜しい。スペルにもう少し気を配れば、次はもっといい点数が取れるでしょう」

この国語教師はベルナールのエッセイに対して、個性あふれる文章だという賞賛とともに、注意すべき点も併せてフィードバックしています。ライティング力を伸ばすには、単に「よく書けている」といった賞賛だけでは足りません。こうしたフィードバックが大切なのです。

みなさんにはぜひ、この国語教師のようなフィードバックをお子さんにしていただきたいのです。

フィードバックは次のような3ステップで行うことが理想的です。

「よい点をほめる」－「気になった点を尋ねる」－「肯定的な提案をする」

以下に詳しくご紹介します。ぜひ実践してみてください。

●Step1 「よい点をほめる」

「こんなことを考えているなんてすばらしいね」「この表現がとてもいいね」など、お子さんの文章のよかった点を具体的にほめてください。具体的に指摘されることで、お子さんもどういう点が自分の長所なのかに気づき、伸ばすきっかけとなります。

●Step2 「気になった点を尋ねる」

「どうしてそう思ったのか」「なぜこう書いたのか」など、お子さんの文章を読んで、気になった点を質問してみてください。尋ねられることで、今の書き方では自分の意図がうまく伝わらないのだと子ども自身が気づくことができます。

●**Step3「肯定的な提案をする」**

Step2で質問した気になる箇所について、お子さんの意図をもっとわかりやすく文章化できるよう、肯定的な提案をしてください。その際は、「そのことを伝えたいのならばこういうふうに書いたらどうかな?」など、あくまで決定権はお子さんに委ねた問いかけをすることが重要です。

文法的におかしな箇所もお子さんの確認不足かもしれません。「間違っている」とすぐに指摘するのではなく、「変なところはないかもう一回読んでみようか」といった提案をしながら、本人が気づかなければ指摘するように進めてみてください。

自分の考えと書いた文章に責任を持たせる

お子さんが文章を書くときは、必ず自分の名前を明記させてください。名前を書くことで、自分の文章に対する責任感が生まれます。「なぜいちいち名前を書かなくちゃいけないの?」

とお子さんに尋ねられたら、こう答えてください。

「あなたが書いた文章はあなたの考えであり、あなたの知識だからだよ。それをきちんと守るためにも名前を書くんだよ」

加えて、「裏を返せば、他人が書いたものは他人のものである」ということも強調してください。自分の文章が自分の財産であるのと同様に、他人の文章は他人の財産であるということです。

ハーバード大学は盗用に対し厳格な姿勢を貫いています。ライティングの授業においても、無断盗用や盗作のないように厳しく指導しています。インターネットでいくらでも他人の文章に触れられる時代です。だからこそ、お子さんにも、まずは自分の考えや書いたものが大切であること、他人が書いたものも同じように大切であることを教えてあげてください。また、SNSにアップする際は個人情報保護の観点から、限定公開にしたり、お子さんが自分で考えたペンネームを使うとよいでしょう。

おうちの方へ

ライティング力が子どもたちに翼を授ける

私の息子は「孝行息子」です。中学・高校の6年間、毎日ブログに文章を書き、その文章を通して母親と対話を続けてきました。おかげで思春期の間も仲良し親子としてスムーズに過ごせました。息子が大学4年生の時にフィンランドに交換留学へ行った際には、母親宛てにこんな得意気なメールを送ってきました。

「僕のライティング力は、ヨーロッパの学生たち相手でも怖いものなしだ。これもお母さんのおかげです」

うれしいことを言ってくれますが、何より本人の行動の結果なのです。それを母親のおかげなどと言ってくれるので、私も思わず胸が熱くなりました。

息子が成人して久しいので、我が家では受験の話が縁遠くなりましたが、それでもたびたび更新される大学入試制度のニュースを見るにつけ、受験生の母親だった時代の焦燥感がよみが

えり、今、受験生を持つお母さんたちの心情に共感するばかりです。

息子は90年代生まれで、当時は国内でのさまざまな格差が話題に上り始めた頃でした。格差を埋めるためにも息子をよい大学に送らなければ。

息子が中学校進学を控えた当時、私たちはソウルから半日近くもかかる全羅南道《チョルラナムド》の片田舎に暮らしていました。学習塾もないひどく辺鄙《へんぴ》なところでしたし、いえ、たとえ塾があったとしても我が家の経済事情では学習塾代にも頭を抱えるだけ。もとより、息子自身に学習意欲がありませんでした。

彼が幸せになるためには一体どうしたらいいのだろう？　不安な中、私は情報収集を始めました。名門大学に入れば幸せになれるのかと卒業生たちの話を探ると、彼らは海外の名門大学に入れなかったことを悔いていました。なんということでしょう。「ならば世界でも名門と名高いハーバード大学はどうなのだろう？　彼らはどんな勉強をしているのだろう」と思って探ってみました。そこで発見したのです。ハーバード大学では学生を社会のリーダーとして育成するべく、ロジカルな思考力を磨くことを重視していることを。そしてそのために、ライティングに注力していることも。

「ふ〜ん、そうなのね。ならばうちの子にも読書と作文をやらせればいいんだわ！」

短絡的ですが、読書や作文なら、田舎町に住んでいても、お金がなくても、自宅でできると思ったのです。そして勉強に興味のない息子と取引しました。

「塾には行かなくていいから、代わりに毎日ブログを書こう！」

文章を書く仕事を長年続けてきた私は、文章力が身を立てる一助となることを身をもって知っていました。それだけにハーバード大学の教育方針に感銘を受けました。文章を書くことだけでも、子どもの思考力や読解力が向上するのは間違いありません。おまけに、毎日書かせるだけでハーバード大学が目指すリーダーシップまで身につけられるなら儲けものです。

アメリカの子どもたちが思考力開発の目的で毎日15分間、ライティングの時間を設けているということを知ったのは、それからずっと後のことです。

とにかく、取引した日から、息子は毎日文章を書きました。毎日ブログさえ書けば塾には行かなくていい。書き終えたらゲームで遊んでもいい。きっと息子は、そんな単純な考えからブログを毎日書いたのだと思います。私はというと、そんな息子が書いた文章にコメントをつけることがすっかり楽しくなり、夜中に更新されるブログが読みたくて早起きする習慣がつくというおまけまで得ました。

とにかく、息子が毎日書いてくれるだけで十分だったのです。ほかのことに目くじらを立てることもありませんでした（と記憶しています……）。そして彼は、大学入学試験の前日までブログを更新し続けました。息子自身、毎日書いてきたことで自分の思考力や文章力の向上に手応えを感じ、何より書く楽しみを見出したようでした。そして彼はソウルの難関大学に現役で合格したのです。

息子は今でも「孝行息子」です。多忙な母親のためにと食洗機を買ってくれるくらいには孝行息子に育ってくれました。息子がまっすぐに育ってくれた秘訣は、思春期に彼とブログの文章を通して意思疎通をしてきた貴重な経験のおかげだと思います。

もし、みなさんのお子さんが私の息子のように文章を書く楽しみを見出してくれたなら……。そしてみなさんにも、お子さんの文章を通してコミュニケーションする楽しみを味わっていただけたなら、私はこれ以上望むことはありません。

言葉を操るための「ハーバード大生みたいな1日10分ライティング」という道具をお子さんに与えてください。ライティング力が、お子さんに大きな翼を授けてくれます。

第1章

ハーバード大生みたいに考える

オレオで考えて、オレオで話してみよう

※※ここからは子どもが読んでね！※※

むずかしくてわからないところがあれば、おうちの人に聞いてみよう。
〈おうちの方へ〉の部分はお母さんお父さんなど大人に読んでもらってね。

たった4行で考えをまとめるスキル

アメリカの大手新聞『ニューヨーク・タイムズ』などで活躍《かつやく》するジャーナリストのダニエル・コイルさんは、超《ちょう》一流の人たちがどうやって才能《さいのう》をみがいてきたのかが気になっていました。そして、世界中のスポーツチーム、音楽学校、一流進学校などを取材《しゅざい》した結果《けっか》、こんな結論《けつろん》にたどり着いたのです。

「才能《さいのう》とは、生まれつきのものだけではなく、練習でみがかれるものである」

ダニエル・コイルさんがたどり着いた超《ちょう》一流の人たちの才能《さいのう》開発のひみつは、その才《さい》能《のう》を開花させるために**一番重要《じゅうよう》なスキル（能力《のうりょく》）を、まずはとことんみがく**ということでした。そのスキルを最大値《さいだいち》で発揮《はっき》できるようになるまで、小さなことから毎日少しずつ地道に練習を重ねるのです。

たとえば、テニス選手《せんしゅ》なら、まずは「サーブのトス」を、バスケットボールの選手なら「レイアップシュート」だけを、目を閉《と》じていてもできるくらいに練習しなさいということです。

ダニエル・コイルさんが言うように、超一流レベルの作文力を開花させるために、作文の一番重要《じゅうよう》なスキルが何かを考えました。

文章を上手に書く人たちは、「言いたいことをロジカル*に組み立てること」にずば抜《ぬ》けたスキルを発揮《はっき》します。**作文の場合は、「ロジカルな構成《こうせい》（組み立て）」がカンペキにできるように練習することが必要《ひつよう》なのです。**いつでもどこでも、どんな時も、書きたいことをロジカルに構成《こうせい》できるようになりましょう。そのためにはどんな練習が必要《ひつよう》だと思いますか？

＊「ロジカル」とは？

きちんとすじ道を立てて考えること。「論理的《ろんりてき》」ともいうよ。たとえば、君の好《す》きなアニメをお母さんに紹介するときに、ただ「面白いよ」と感想を言うよりも、「なぜ」面白いのか、「このキャラクターがなぜ、どんなだからカッコいい」と、説明《せつめい》してあげたほうが、お母さんにもそのアニメの面白さが伝《つた》わるよね。このように「なぜ」「いつ」「だれが」「どうした」など、話を組み立てることが「ロジカル」に考えるということだよ。それによって、自分以外《いがい》の人にも伝《つた》わるようになるんだ。

作文の一番重要《じゅうよう》なスキル「オレオ」

文章を書くために一番重要《じゅうよう》なスキルは、自分の考えをつじつまが合うように＊ロジカルに構成《こうせい》することです。「オレオ公式」は、このスキルを練習し、練習の効果《こうか》を最大限《さいだいげん》に発揮《はっき》するために考え出された方法《ほうほう》です。

オレオ公式による作文は、公式を使って書く内容《ないよう》をまとめて、文章に整えていく書き方で、**「意見を主張《しゅちょう》する」**↓**「理由を出す」**↓**「具体例《ぐたいれい》を出す」**↓**「意見を強調する」**という4つの項目《こうもく》から成《な》り立っています。

実はこの方法《ほうほう》は、アメリカの名門、ハーバード大学で150年前から学生たちに教えられてきた作文のテクニックで、アマゾンやグーグル、トヨタ、マッキンゼーなどの世《せ》界的企業《かいてききぎょう》や一流大学でも、コミュニケーションのツールとして導入《どうにゅう》されている方法《ほうほう》なのです。

みなさんがこの本で学ぶべきことは、「テーマを決め、オレオ公式どおりに流れを作り、1段落《だんらく》で終わる短いエッセイ（自分の意見や考えを述《の》べる文章）を完成《かんせい》させる」ということです。時間は毎日10分だけです。毎日たったの10分間、この練習を続《つづ》けるだけで頭脳《ずのう》を鍛《きた》えることができ、国語の勉強だけでなくほかの教科も成績《せいせき》がよくなるのです。

＊「つじつまが合う」とは？

話の流れが合っているということ。たとえば、「おなかがすいたので、ごはんを食べました」は話の流れが合っているけれど、「おなかがすいたので、さんぽに行きました」は流れが合っていないよね。これを「つじつまが合わない」というよ。

考えを当てはめただけで文章ができた？

アメリカやヨーロッパの教育熱心《ねっしん》な国では、楽しく無理《むり》なく思考力＊を鍛《きた》えるために幼《よう》稚園《ちえん》や小学校のうちからさまざまな教育を行っています。そんな中、アメリカの専門家《せんもんか》が、小学生のうちからロジカルに考えて、読む人を納得《なっとく》させる文章が書けるようにと、**オレオ（OREO）という名前のついた公式を作り出しました。**

オレオ？　そうです、白いクリームを黒いビスケットでサンドした甘《あま》いクッキーと同じ名前ですね。

おいしくて楽しい、作文ツール「オレオ公式」

＊「思考力」とは？

ものごとを考える力のこと。これまでの経験《けいけん》や知っていることをもとに、自分なりの視点《してん》で深く考えることができる力だよ。

ロジカルに考え、文章で表現《ひょうげん》することを助けてくれるオレオ公式は、左のイラストのように図にすると覚《おぼ》えやすいです。ところでなぜオレオというのでしょう？

それは、この公式の4項目《こうもく》、「意見を主《しゅ》張《ちょう》する」（Opinion《オピニオン》）→「理由を示《しめ》す」（Reason《リーズン》）→「具体例《ぐたいれい》を出す」（Example《イグザンプル》）→「意見を強調する」（Opinion《オピニオン》）を英語《えいご》で表したときの頭文字《かしらもじ》をつないだものが「オレオ（O-R-E-O）」になるからです。

オレオ型《がた》の4行公式

O：意見を主張《しゅちょう》する
R：理由を示《しめ》す
E：具体例《ぐたいれい》を出す
O：意見を強調する

作文を書くときに、何も考えずいきなり書き始めるのではなく、まずは「O-R-E-O」の4項目《こうもく》ですじ道を立てて構成《こうせい》を整理してみましょう。

次に、4つのそれぞれの内容《ないよう》をくわしく整えます。具体的《ぐたいてき》な内容《ないよう》で肉付《づ》けをしていくイメージで書き進めていくと……?

ほらね! すじの通ったロジカルな作文が完成《かんせい》しました。

オレオ公式を用いて書く内容《ないよう》を決めて、それに沿《そ》って文章を書いていくだけです。大事な部分が抜《ぬ》け落ちたり、同じことをくり返し書いてしまうこともありません。今まで作文が書けないと悩《なや》んでいたのがうそみたいでしょう?

いつでもどこでも「自動作文ツール」

オレオ公式には、ハーバード大学が学生たちに4年間教え続《つづ》けるロジカル・ライティング(ロジカルに書くこと)の秘密がそっくり詰《つ》め込《こ》まれています。みなさんは、この公式の順番《じゅんばん》と構造《こうぞう》を覚《おぼ》えて、使いこなせるようになればオーケーです。作文を書くことになったら、まず、オレオクッキーを思い出せば上手に書けるでしょう。

おうちの方へ

オレオ公式は、子どもたちがロジカルに考えて文章化するためのツールです。ハーバード大学で受け継がれているこの公式を使って、作文ができるように手伝ってください。公式どおりに書くと、理路整然とした文章が書けます。子どもたちは文章を作るたびに、作文が楽しい記憶として残ります。

ロジカルな思考力ってなんだ？

アメリカの大手コンサルティング会社「マッキンゼー・アンド・カンパニー」では、新しく入社した社員たちには必《かなら》ずロジカルに考える訓練《くんれん》をさせているそうです。その訓《くん》練《れん》とは、「空」—「雨」—「かさ」の法則《ほうそく》でものごとを考えるというものです。「空」—「雨」—「かさ」の法則《ほうそく》？　一体どんな内容《ないよう》なのでしょうね？

たとえば、雨が降《ふ》りそうな日の朝、みなさんも、学校に行く前におうちの人からこう言われませんか？

「空がくもっているよ〔根拠《こんきょ》〕。雨が降《ふ》りそうだから〔理由〕、かさを持って行きなさい

〔主張《しゅちょう》〕」

「空」－「雨」－「かさ」の法則《ほうそく》で考えて表現《ひょうげん》するとは、このように、主張《しゅちょう》について相手を納得《なっとく》させるだけの理由と根拠《こんきょ》も添《そ》えて表現《ひょうげん》するということです。こうしたきちんとすじの通った表現《ひょうげん》が、論理的《ろんりてき》、つまりロジカルな表現《ひょうげん》なのです。「空」－「雨」－「かさ」の公式に当てはめて、〔根拠《こんきょ》〕－〔理由〕－〔主張《しゅちょう》〕を述《の》べれば、ロジカルな表現になります。

この「空」－「雨」－「かさ」の法則《ほうそく》でロジカルな考え方を覚《おぼ》えておくと、これからくわしく勉強していくオレオ公式もわかりやすくなります。

作文上手になるためのセンターピンをねらえ！

以前《いぜん》『ニューヨーク・タイムズ』の記者が書いた『習慣《しゅうかん》の力』（チャールズ・デュヒッグ著《ちょ》、講談社《こうだんしゃ》）という本が、世界中で話題になりました。人間の習慣《しゅうかん》＊の秘密《ひみつ》について著《ちょ》者《しゃ》の考えをまとめた本です。この本の中で著者《ちょしゃ》は、「ボウリングのセンターピンを1本倒《たお》すだけでほかのピンも次々と倒《たお》れていくように、まず、その人が変《か》えたいと思うもっとも大きな習慣《しゅうかん》をひとつ変《か》えることで、ほかの小さな習慣《しゅうかん》も次第《しだい》に変《か》わっていく」と述《の》べています。

オレオ公式も、この著者《ちょしゃ》が言うような「大きな習慣《しゅうかん》」となることは間違《まちが》いありません。オレオ公式のとおりにロジカルに考えて表現《ひょうげん》することに慣《な》れると、作文だけでなく勉強にも生活にも少しずつ変化《へんか》が訪《おとず》れるのです。

＊「習慣《しゅうかん》」とは？

その人にとって、長い間何度もくり返している、それをするのが決まりごとのようになっていること。たとえば「毎日、夕ごはんの前に宿題を終わらせることが、私の習慣《しゅうかん》です」といったように使うよ。

作文の第一歩は書きたいことの整理から

自分の伝《つた》えたい意図（考えていること）を読む人にしっかり伝《つた》わるように書くことは難《むずか》しいものです。**意図がしっかり伝《つた》わる文章というのは、読んだ人が笑《わら》ったり悲しんだり考えたりと、すぐに反応《はんのう》できる文章のことです。**

自分の意図を読む人に伝《つた》えるためには、まず、書きたいこと（伝えたいこと）を整理することから始めます。これが、作文を書くための第一歩であり、すべてであると言っても過言《かごん》ではありません。

書きたいことを整理するのにも、オレオ公式を使います。

人の頭の中にある考えは、とても主観的《しゅかんてき》で*、ぼんやりとした抽象的《ちゅうしょうてき》*なものです。これを思いつくままに文章にしても、読む人も困《こま》ってしまいます。ところが、頭の中にある考えをオレオ公式の順番《じゅんばん》に当てはめて並《なら》べていくと、客観的《きゃっかんてき》で、具体的《ぐたいてき》になり、読み手にもわかりやすい文章に変身《へんしん》するのです。

＊「主観的」とは？

自分だけのものの見方をしていること。「客観的《きゃっかんてき》」の反対の言葉。たとえば、「今日は昨日《きのう》よりもいい日だ」は、主観的な意見です。そう感じる人もいるし、感じない人もいますよね。でも、「今日は昨日よりも気温が高い」は、誰《だれ》にとっても同じ客観的《きゃっかんてき》な事実です。なぜなら気温は数値《すうち》で測《はか》ることができるので、昨日《きのう》と今日の温度の差は誰《だれ》にとっても同じだからです。

書きたいこと、自分の考え → オレオ公式で書くことを整理 → 読みたくなる文章

Opinion（意見の主張《しゅちょう》）
⇨ キミが言いたいことは何か？

Reason（理由や根拠《こんきょ》）
⇨ なぜそれを言いたいのか理由を教えて。

Example（具体例《ぐたいれい》の提示《ていじ》）
⇨ そのことについて例《れい》をあげてくれる？

Opinion（意見の強調）
⇨ なるほどね。キミの主張《しゅちょう》をもう一度聞かせて。

＊「抽象的」とは？

ものごとが漠然《ばくぜん》としていて、はっきりと人に伝《つた》わらないこと。「具体的《ぐたいてき》」の反対の言葉。たとえば、「トースト」、「ゆでたまご」、「牛乳《ぎゅうにゅう》」、「オレンジ」は具体的《ぐたいてき》ですが、これをまとめて「朝ごはん」と言えば、一段階《いちだんかい》進んだ「抽象化《ちゅうしょうか》」となります。「朝ごはん」は「トースト」や「ゆでたまご」よりも抽象的《ちゅうしょうてき》な言葉です。

どんな意見でも、読み手に納得《なっとく》してもらうためには、根拠《こんきょ》となる情報《じょうほう》を集めて、自分の考えとともにまとめなければなりません。その際《さい》に、せっかく情報《じょうほう》を集めても、思いつくままに並《なら》べ立てるだけでは説得力《せっとくりょく》（相手を納得《なっとく》させる力）に欠《か》けます。そんな時、オレオ公式の出番です。オレオ公式は、先に要点《ようてん》をまとめ、結論《けつろん》（主張《しゅちょう》）から書き始めるため、情報《じょうほう》を的確《てきかく》な場所に並《なら》べることができ、すっきりとしてわかりやすい文章になります。

こうした特性《とくせい》があるので、オレオ公式は、文章で答える記述《きじゅつ》問題や、体験《たいけん》学習のレポートを書くときにその力を最大限《さいだいげん》に発揮《はっき》します。オレオ公式での考え方が習慣《しゅうかん》づくと、学校生活も、それ以外《いがい》の場所でも、問題解決力《かいけつりょく》が高まり、コミュニケーション力のアップまで期待できます。

パズルのように文を組み立てよう

実は、作文は大人になってもずっと必要《ひつよう》なものです。大人の生活でも、仕事の企画案《きかくあん》から報告書《ほうこくしょ》、メールでのやりとりまで、毎日何かしらの作文が欠《か》かせないからです。ところが、大人だって、「書きたいことを自由に書いてください」と言われても、ほとんどの人が上手に書けません。ですが、文章が苦手な人でも、短い文章をパズルを組み立てるようにオレオ公式に当てはめていくことならできますね。公式に当てはめるだけで、ロジカルな文章が完成《かんせい》するのです。大工さんが家を建《た》てるときによい道具を使うように、オレオ公式は、作文を書くための最高《さいこう》のツールです。

みなさんも早く作文を書いてみたくてウズウズしてきましたか？　さっそく、次のページから、オレオ公式について、順《じゅん》に学んでいきましょう。

ぜーんぶオレオで解《かい》決《けつ》!

キミが言いたいことは何か？

さぁ、ここからは実際《じっさい》に作文を書いていきましょう。

オレオ公式の最初《さいしょ》のステップは、自分の意見を主張《しゅちょう》することです。つまり、自分がこの作文で何を言いたいのかを明らかにするのです。オレオ公式では、この最初《さいしょ》のステップが一番重要《じゅうよう》です。何が言いたいのかをはっきりさせることで、それに合わせて考えを肉付《づ》けしたり、まとめたりしやすくなるからです。

例《れい》として、みなさんが自分のスマホを新機種《しんきしゅ》に変更したくて、お母さんお父さんを説《せっ》得《とく》するという場面を考えてみましょう。説得《せっとく》する理由として、「旧式《きゅうしき》すぎる」「カメラ機《き》能《のう》がいまいち」「友達《ともだち》が新機種《しんきしゅ》に買い替《か》えたから」など、いろいろな理由があるでしょう。ここで一番主張《しゅちょう》するべき大きな目的《もくてき》は、「スマホを新機種《しんきしゅ》に変更《へんこう》したい」ということです。これをオレオ公式に当てはめて伝《つた》えてみるなら、どうなるでしょうか？

まずは左の表の「O」の枠《わく》に書き込《こ》んでみましょう。

「スマホを新機種《しんきしゅ》に変更《へんこう》したい」（主張）

O	R	E	O
スマホを新機種《しんきしゅ》に変更《へんこう》したい。			

最初の主張《しゅちょう》（Opinion《オピニオン》）の枠はこんなふうになります。次の枠《わく》では理由（Reason《リーズン》）を述《の》べるのですが、どうやって書き始めるのがいいでしょうか。こんな時に使える便利《べんり》な文型《ぶんけい》があります。

主張《しゅちょう》（Opinion《オピニオン》）の書き出し例《れい》

「私は、〜〜〜は〜〜〜と思います」

「私の考えでは、〜〜〜は〜〜〜です」

「私は、〜〜〜が好《す》きです」

「私は、〜〜〜が嫌《きら》いです」

「私が好《す》きな〜〜〜は、〜〜〜です」

「私は、〜〜〜がしたいです」

ダメなものはダメ！
「主《しゅ》張《ちょう》」だけでは
相手を納《なっ》得《とく》させられないよ

やれやれ
新しいスマホがほしい！
ほしい！！
ほしいぃぃ！！！

オレオ公式　ステップ②：理由や根拠を出す

なぜそれを言いたいのか理由を教えて

オレオ公式の2つめのステップはReason《リーズン》（理由）の「R」、つまり、1つめのステップで主張した意見について、その理由や根拠《こんきょ》を述《の》べることです。スマホを新機種《しんきしゅ》に変更《へんこう》したいというみなさんの主張《しゅちょう》を聞いたお母さんお父さんは、きっとこう言うはず。

「今のもので十分でしょ？　なぜ機種変更《きしゅへんこう》しないとダメなの？」

さあ、ここでお母さんお父さんを納得《なっとく》させる理由や根拠《こんきょ》を述《の》べなければなりません。

そもそも、説得力《せっとくりょく》のある理由や根拠《こんきょ》ってどういうものなのでしょうか。

こんな時は、P58で紹介《しょうかい》した「空」－「雨」－「かさ」の法則《ほうそく》を思い出してみましょう。

「空」－「雨」－「かさ」の法則《ほうそく》では、「かさを持って行きなさい」という主張《しゅちょう》に対して、「雨が降《ふ》りそう」という理由がセットになっていましたね。つまり、主張《しゅちょう》と理由がぴったり対応《たいおう》するものでなければロジカルな文章にはならないのです。

また、理由を述《の》べるときは、「なぜなら」という接続詞《せつぞくし》から始めてみましょう。「なぜなら」という単語《たんご》の後には、理由を述《の》べた文章が磁石《じしゃく》のようにくっついてきます。

これらを踏《ふ》まえて、次のように「R」の枠《わく》を完成《かんせい》させてみましょう。

「なぜなら、私のスマホは旧式《きゅうしき》で、写真がきれいに撮《と》れないから」（理由）

O	R	E	O
スマホを新機種《しんきしゅ》に変更《へんこう》したい。	**なぜなら、私のスマホは旧式《きゅうしき》で、写真がきれいに撮《と》れないから。**		

おうちの方へ

ロジカル・ライティングでは、主張と理由がきちんとかみ合っていることが重要です。自由に作文を書く段階では、お子さんの主張と理由がきちんと対応しているかどうか確認してあげてください。

オレオ公式　ステップ③：具体例の提示

そのことについて例《れい》をあげてくれる？

オレオ公式で考えを整理する3つめのステップはExample《イグザンプル》（具体例《ぐたいれい》）の「E」、具体的《ぐたいてき》なたとえの提示《ていじ》です。主張《しゅちょう》と理由に説得力《せっとくりょく》を持たせるためにも、具体的《ぐたいてき》な例《れい》を出すことはとても重要《じゅうよう》です。

たとえば、

「学校にかさを持って行きなさい」（主張《しゅちょう》）

「雨が降《ふ》りそうだから」（理由）

という文章があります。この文章にプラスして、

「天気予報でも雨だと言っているよ」（具体例《ぐたいれい》）

と付《つ》け加《くわ》えれば、かさを持って行くべきだという主張《しゅちょう》に、より説得力《せっとくりょく》が増《ま》しますね。

大事なことは、具体例《ぐたいれい》が主張《しゅちょう》と理由ときちんとかみ合っていることです。具体例《ぐたいれい》を出すときは、「たとえば」という言葉から始めると、次の文章が続《つづ》けやすいです。

ここまでのことを参考《さんこう》にして、「E」の枠《わく》も完成《かんせい》させてみましょう。

「たとえば、私のスマホには手ぶれ防止機能《ぼうしきのう》がついてないから、満足《まんぞく》できる写真が撮《と》れない」（具体例《ぐたいれい》）

O	スマホを新機種《しんきしゅ》に変更《へんこう》したい。
R	なぜなら、私のスマホは旧式《きゅうしき》で、写真がきれいに撮《と》れないから。
E	たとえば、私のスマホには手ぶれ防止機能《ぼうしきのう》がついてないから、満足《まんぞく》できる写真が撮《と》れない。
O	

おうちの方へ

「E」で挙げる例が、前段階でお子さんが述べた「主張」と「理由」と関連性があるものか確認してください。関連性のある事例をいくつか挙げてもらうのもよいでしょう。

オレオ公式　ステップ④：意見の強調

なるほどね。キミの主張《しゅちょう》をもう一度聞かせて

オレオ公式の最終《さいしゅう》ステップはOpinion《オピニオン》（意見）の「O」、意見の強調です。ステップ①の「O」で述《の》べた意見をもう一度強調したり、言い方を変《か》えて「このようにしてほしい」というふうに希望《きぼう》を述《の》べると、読み手がこちらの意見をより理解《りかい》しやすくなります。いわゆる「ダメ押《お》し」です。

たとえば、

「学校にかさを持って行きなさい」（主張《しゅちょう》）

「雨が降《ふ》りそうだから」（理由）

「天気予報でも雨だと言っているよ」（具体的《ぐたいてき》な例《れい》）

この文章に続《つづ》けて、主張《しゅちょう》を強調する一文を付《つ》け加《くわ》えます。おうちの人なら、こう付《つ》け加《くわ》えるでしょう。

「かさを持っていきなさい。玄関《げんかん》に出しておいたから」（強調）

こうした意見の強調を述《の》べるときは、「だから、〜〜〜するといい」「したがって、〜〜〜するようにしたい」などの文型《ぶんけい》を使うと書きやすいです。

これらを参考にして、最後《さいご》の「〇」の枠《わく》も完成《かんせい》させてみましょう。

「だから、スマホを新機種《しんきしゅ》に変更《へんこう》したい。〇〇〇という機種《きしゅ》は、カメラの性能《せいのう》がいいんだって」（強調）

O	R	E	O
スマホを新機種《しんきしゅ》に変更《へんこう》したい。	なぜなら、私のスマホは旧式《きゅうしき》で、写真がきれいに撮《と》れないから。	たとえば、私のスマホには手ぶれ防止機能《ぼうしきのう》がついてないから、満足《まんぞく》できる写真が撮《と》れない。	だから、スマホを新機種《しんきしゅ》に変更《へんこう》したい。〇〇という機種《きしゅ》は、カメラの性能《せいのう》がいいんだって。

最速《さいそく》でオレオ公式で考えるクセを身につける方法《ほうほう》

ここまで見てきたように、オレオ公式を使って「O-R-E-O」の順《じゅん》に書くだけで、説得力《せっとくりょく》のあるロジカルな文章（意見）が完成《かんせい》します。オレオ公式がロジカルな考え方を組み立てるのに役立つ最高《さいこう》のツールだということは、もうわかりましたね？　しかし、どんなによいツールでも、上手に使えないなら宝《たから》の持ちぐされです。うまく使いこなせるようになるまで、最初《さいしょ》は簡単《かんたん》な内容《ないよう》をオレオ公式で考える練習をくり返してみましょう。

〈例〉

・この本を買ってもらいたいな。この本が必要《ひつよう》な理由をオレオ公式で言って説得《せっとく》してみよう。

・今夜は家族で外食？　焼《や》き肉がいいな。なぜ焼《や》き肉がいいのか、オレオ公式で説得してみよう。

・今日は塾《じゅく》を休みたい。休まなければならない理由を、オレオ公式で話してみよう。

「R」（理由）を述《の》べるときは、「なぜなら」という言葉から始めるようにしましょう。すると、「何をしたい・すべき」＋「なぜなら〜だから！」というロジカルな考え方のクセがつくからです。

おうちの方へ

お子さんが何かリクエストをしてきたら、上の〈例〉のようにオレオ公式で説明することを促してみてください。O-R-E-Oの順に整理して話せるようになったら、もう少し「R」（理由）部分を詳しく語れるような質問をしてもいいでしょう。たとえば、「日本人のティッシュ消費量は世界一なんだって。なぜだと思う？」など、子どもが興味を持っていることに対し、「なぜだと思う？」と問うことで、子どもは答えるための理由を探します。

また、お子さんが質問してきたら、その質問に質問で返してください。たとえば、「今夜の外食って、何を食べに行くの？」と尋ねられたら、「何が食べたい？」と聞き返し、お子さんが何か答えたら、「なぜそれが食べたいの？」と理由まで尋ねてみてください。このやりとりが、ロジカルなオレオ公式そのものとなります。

ほかにも、子どもの質問には、答えを知っていてもすぐには答えず、「調べてみて」と言って調べさせてみてください。答えが出たら「何て書いてあった？」と、子どもに説明してもらうことも、とてもよい思考鍛錬となります。

オレオで聞いて、オレオで答える

オレオ公式を生かして考えられるようになると、作文や国語の授業《じゅぎょう》以外《いがい》の勉強もどんどんわかるようになります。この公式を完全《かんぜん》に自分のモノにしてもっと無敵《むてき》になるために、オレオ公式をゲームみたいに普段《ふだん》から楽しむことをおすすめします。

オレオ公式で考えることは、自分が何を考えているのかをより深く知るためにも役立ちます。たとえば、「なぜ、私は塾《じゅく》に行きたくないんだろう？」と思っていても、その理由が「なんとなくそう思うから」では、お母さんお父さんを説得《せっとく》できませんね。

この気持ちをオレオ公式に当てはめてみましょう。

まず、「なぜ、塾《じゅく》に行きたくないんだろう？」という気持ちは「O」（主張《しゅちょう》）に当たります。次の「R」（理由）は今は「なんとなく」でも、その次の「E」（例《れい》）は、「先生が

ほかの生徒《せいと》にばかりやさしくする」「急に勉強が難《むずか》しくなった」などいろいろと出てくるでしょう。このようにオレオ公式で考えることで、改《あらた》めて、自分が何を考えているのかがわかり、深く考える習慣《しゅうかん》も身についていくのです。

この本の巻末《かんまつ》に、「O-R-E-O」で書くためのふろくがついています。このふろくページをコピーし、ノートに貼《は》り付《つ》けて活用したり、または自分でノートに枠《わく》を書いて作るのもいいでしょう。何か考えることがあるたびに、この枠《わく》に当てはめて考えてみましょう。

おちこんだ時は、OREOでその理由を考えてみよう。解決《かいけつ》のヒントが見えたり、人に相談しやすくなるよ。
あ～～～塾《じゅく》行きたくない…何もしたくない……

何を書けばいいか
ぜんぜん思いつかないや
OREO を思い出して…!

第 2 章

ハーバード大生みたいに書く

たったた10分だけ、
毎日やりたくなる基《き》礎《そ》練習！

ヘタでもいいから毎日書いてみる

「小学校でエッセイの授業《じゅぎょう》があったから、文章は毎日書いていたよ」

原稿《げんこう》を書いている私に向かって、小学校5年生までアメリカで過《す》ごしていた息子がこう言いました。小学生のうちに文章を書く習慣《しゅうかん》を身につけた息子は、韓国《かんこく》に帰国してからも、大学受験《じゅけん》で忙《いそが》しくなる直前まで毎日文章を書いていました。

それは短い文章で取り立ててすばらしい内容《ないよう》のものでもなかったのですが、毎日書き続《つづ》けたことが息子にとって大きな自信《じしん》になったようです。中高生のころは作文で賞《しょう》をもらったこともあったし、大学でレポートや卒業論文《そつぎょうろんぶん》を書くことも苦ではなかったといいます。軍隊《ぐんたい》に入っていたころは読書感想文大会で入賞《にゅうしょう》し、ごほうびとして特別外泊《とくべつがいはく》を許《ゆる》されたこともありました。フィンランドの大学に留学《りゅうがく》していた際《さい》にも、作文力を買われて実習先の企業《きぎょう》のブログ担当《たんとう》に任命《にんめい》されたといいます。

ところで、私は、息子が小学生の時から今にいたるまで一度も、彼《かれ》に「作文を書きなさい」と言ったことはありません。こうしたことは、息子が自分から進んで書き続《つづ》けてきた結果《けっか》です。

カナダのトロント大学で心理学を教えているジョーダン・ピーターソン教授《きょうじゅ》は『生き抜《ぬ》くための12のルール　人生というカオスのための解毒剤《げどくざい》』（朝日新聞出版）という本を書き、世界中の若者《わかもの》を熱狂《ねっきょう》させた影響力《えいきょうりょく》のある人です。ピーターソン教授《きょうじゅ》も、作文

文を書くことは
考えること……
考えることは
豊《ゆた》かに生きること……
なんだ？
なんだ？？

のすばらしさを説《と》いています。

「文章を書くことは考えることであり、考えることは自分が存在《そんざい》し、生きていくということだ。つまり、文章を書くことは、深く考えることであり、深く考えることは賢《かしこ》く生きることだ。賢《かしこ》く生きることができる人は、豊《ゆた》かに暮《く》らせる確率《かくりつ》が高くなるものである」

みなさんも、ピーターソン教授《きょうじゅ》の言葉のとおり、文章を書くことで深くものごとを考えられる人になって、賢《かしこ》く、豊《ゆた》かに生きてみませんか。

作文力は一夜にしてならず

「どうしたら文章が上手に書けるようになりますか？」。ある雑誌《ざっし》記者が、ハーバード大学でライティングの授業《じゅぎょう》を行っているナンシー・サマーズ教授《きょうじゅ》にこんな質問《しつもん》をしました。教授《きょうじゅ》は何と答えたでしょうか？

「そのためには、短い文章でいいから毎日書くことです」

サマーズ教授《きょうじゅ》は、20年にわたって大学で学生たちに接《せっ》してきた経験《けいけん》から、文章を上手に書ける学生というのは、子どものころから短時間でも、毎日、本を読んだり文章を書いてきた人であるという答えを導《みちび》き出しました。彼女《かのじょ》の言葉は、そのままハーバード大学のライティング授業《じゅぎょう》の原則《げんそく》となりました。

「1日に10分だけでも毎日書くこと。それはつまり〝考える〟ことでもあります」

文章を書くことと考えることとは、切っても切れない関係《かんけい》であるため、10分でも毎日書くということは同時に考えることにつながると強調しているわけです。

とはいえ、毎日書くことなんて、誰《だれ》にでもできることには違《ちが》いありませんが、そう簡《かん》単《たん》ではありませんよね。

私たちがやるべきたったひとつのこと

ソフトウェア開発を学ぶ人のための養成所《ようせいじょ》で働《はたら》く先生が、こんなグチを言いました。

「学生たちに何か作りなさいと言うと、みんな、すぐに本を買ってきて勉強を始めます。一冊《いっさつ》読み終わっても何も作れません。そうすると、また別《べつ》の本を買ってきて勉強を始めるんです。困《こま》ったことに、彼《かれ》らはこうやってずっと勉強するだけで何も進まないのです……」

作文を学びたがっている大人たちも、この学生たちと似《に》ています。上手に文章を書けるようになりたいからと、お金と時間をかけて作文スクールに通って授業《じゅぎょう》を受けるのですが、そうやって学んでも毎日文章を書く人はほとんどいません。そして受講《じゅこう》期間が終わると同時に文章をまったく書かなくなってしまうのです。

大人たちも作文の書き方は義務《ぎむ》教育のうちに習っています。それでも多くの人が、自分には文章力がないと嘆《なげ》いているのです。

文章を書く力は、漢字をたくさん知っているとか、国語の文章問題が解《と》けるといったこととは別《べつ》のものです。単語《たんご》をたくさん知っていても、それを適切《てきせつ》に文章で使えないと意味がありません。文章力は、書かないと上達《じょうたつ》しないのです。

とにかく書いてみましょう。へたくそでも長く書けなくても構《かま》いません。オレオ公式に当てはめれば短い文章が作れましたよね。時間はそれほど必要《ひつよう》ありません。ハーバード大生みたいに、毎日10分だけ作文の時間を取ってみましょう。

プレミアリーグ得点王《とくてんおう》
ソン・フンミン選手《せんしゅ》みたいに！

イングランドのプロサッカーチーム、トッテナム・ホットスパーFCで活躍《かつやく》するソン・フンミン選手《せんしゅ》を知っていますか？　世界中から優秀《ゆうしゅう》な選手《せんしゅ》が集まるプレミアリーグで、ソン選手《せんしゅ》は2021～22年のシーズンでアジア人として初の得点王《とくてんおう》に輝《かがや》き、翌《よく》23年にはプレミアリーグ史上《しじょう》34人目の通算100ゴールという快挙《かいきょ》も達成《たっせい》した、押《お》しも押《お》されぬトップ選手《せんしゅ》です。

ソン選手《せんしゅ》の優《すぐ》れた実力について、サッカーの専門家《せんもんか》たちが口々《くちぐち》に語るのは、基礎的《きそてき》なテクニックのすばらしさです。

ソン選手《せんしゅ》は、サッカーの基礎《きそ》を元プロサッカー選手《せんしゅ》の父親に教わりました。ソン選手《せんしゅ》の父親は、息子にとって、まずはドリブルやパスなどの基本的な技術《ぎじゅつ》を身につけさせることが何よりも大事だと考えて、サッカーの強豪校《きょうごうこう》に通わせることもなく、サッカーボールで楽しく遊べるようになることを目標《もくひょう》に接《せっ》していたそうです。そのおかげで、ソン選手《せんしゅ》は小さいうちにボールを自在《じざい》に操れるようになり、こうして培《つちか》った基礎技術《きそぎじゅつ》を土台にして16歳《さい》でドイツのハンブルガーSVのU-17チームに留学《りゅうがく》します。そして2010年、18歳《さい》でブンデスリーガデビューを果《は》たすと、みるみる頭角《とうかく》を現《あらわ》したのです。

「僕《ぼく》にシュートの才能《さいのう》があると言われるのですが、才能《さいのう》があるのではなく、ただ、練習のたまものです。2011年のシーズン終了後《しゅうりょうご》には、毎日1000本のシュート練習をしたし、シーズン中も時間の許《ゆる》す限《かぎ》り練習しました」

ソン・フンミン選手《せんしゅ》が多く得点《とくてん》をあげているのが、ペナルティエリアの左右の角から打つシュートです。彼《かれ》の高い得点率《とくてんりつ》を見た記者たちからの「一体どんな練習をしたのか?」という質問《しつもん》に対し、ソン選手《せんしゅ》はこう答えました。

サッカーの
スーパースターも
毎日1000本の
シュート練習から
生まれた!
作文も毎日続《つづ》ければ
1日10分でも
ものすごく
上達《じょうたつ》するよ!

「子どものころに父と毎日練習したシュートだし、僕《ぼく》が好《す》きなコースなんです」

ソン・フンミン選手のシュート練習のようにオレオ公式も楽しもう

今、オレオ公式を身につけようとしているみなさんも、小学校を卒業《そつぎょう》するまでに公式を自在《じざい》に操《あやつ》って、作文を毎日でも書きたいくらいに好きになったなら、将来《しょうらい》はどうなるでしょうか？　考えただけでワクワクしますね。そして、大人になったとき、「どうしてそんなに文章が上手なのですか？」と聞かれたら、きっとこう答えるでしょう。

「子どものころに基礎《きそ》を毎日練習したおかげで、作文が好《す》きになったからです」

では次からいよいよ、作文の基礎《きそ》練習を紹介《しょうかい》していきます。その名も、「ハーバード大生みたいな1日10分ライティング」法《ほう》です。

「ハーバード大生みたいな1日10分ライティング」法《ほう》とは？

「ハーバード大生みたいな1日10分ライティング」法《ほう》は、オレオ公式を活用して、1日10分のライティングに取り組むことで、ロジカルに考える習慣《しゅうかん》が脳《のう》にインプットされる練習方法《ほうほう》です。みなさんがロジカルに考えて表現《ひょうげん》するための思考力（考える力）を強化する手伝《てつだ》いをしてくれます。おまけに、考えたことを論理的《ろんりてき》に書くというレベルを超《こ》えて、考え方そのものが論理的《ろんりてき》になるトレーニングです。

後でくわしく説明《せつめい》しますが、やり方は簡単《かんたん》です。テーマをひとつ決めて、オレオ公式に沿って1行ずつ、4つの大すじを箇条《かじょう》書きにします。次に、ひとつずつを短い文にふくらませます。その4行を順《じゅん》につなぐと、4文からなるひとつの文が完成《かんせい》します。「たった4行でいいの?」と意外に思うかもしれませんね。ですが、まずは、文章を書く習《しゅう》慣《かん》を身につけることが大切なので、最初《さいしょ》はこれで十分です。しかも、言いたいことをきちんと伝《つた》えるためには、それほどたくさんの文章は必要《ひつよう》ありません。

「ハーバード大生みたいな1日10分ライティング」法《ほう》の目標《もくひょう》は、オレオ公式のパターンを九九のように覚《おぼ》えて使いこなせるようになることです。

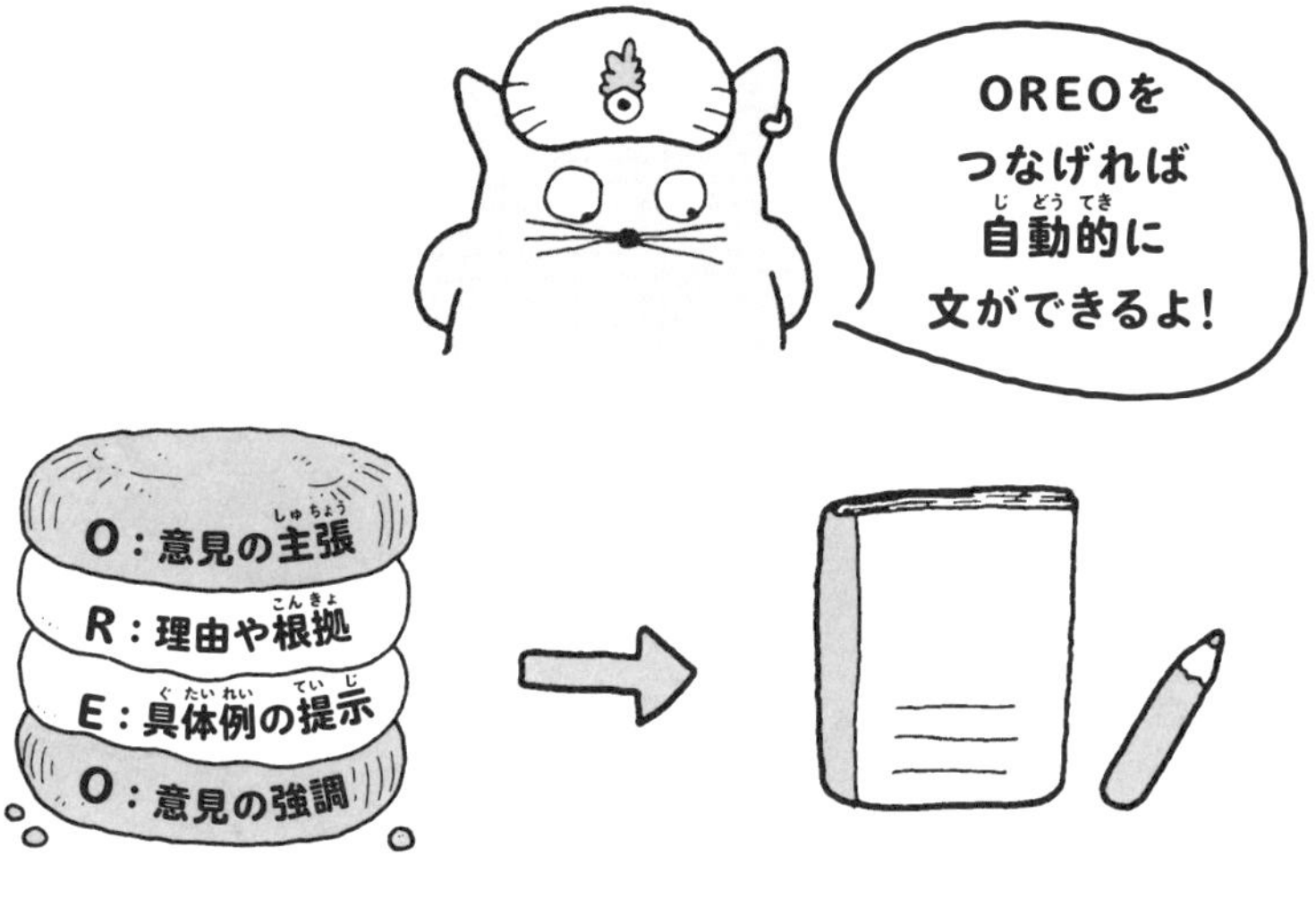

「ハーバード大生みたいな1日10分ライティング」法《ほう》の進《すす》め方

「ハーバード大生みたいな1日10分ライティング」法《ほう》の練習は、次のように行います。

ステップ1：テーマを決める。
ステップ2：オレオ公式（O-R-E-O）に沿《そ》って、大すじを項目《こうもく》ごとに短い文章（箇条《かじょう》書き）で書く。
ステップ3：それぞれの大すじを一文ずつにふくらませたのち、ひとつにつないで短いエッセイを完成《かんせい》させる。

ステップ1：テーマを決める

まずは何について書くのか、テーマを決めましょう。テーマとは、文章を通じて筆者が表したい考えのことで、「主題」ともいいます。

テーマを決めたら、「なぜこのテーマを選《えら》んだのか」「このテーマで何を言いたいのか」ということを、もう一度自分で確認《かくにん》します。

テーマの決め方ですが、たとえば「スマートフォン」という単語《たんご》だけでは、あまりにも広すぎて考えがまとまりませんね。ところが、ここにもうひとつ、「何を伝《つた》えたいか」の言葉を追加《ついか》すると、テーマがはっきりしてきます。

〈例《れい》〉

「スマートフォン」⇑これだけではテーマがまとまらない。

「スマートフォン」＋「買ってもらうには」⇑テーマがはっきりして、作文しやすくなる。

では、さっそく「ハーバード大生みたいな1日10分ライティング」法《ほう》でエッセイをつくり始めてみましょう。ここでは、「大学の9月入学制度《せいど》」について、短いエッセイを書くことを例《れい》に練習してみましょう。ここでの「大学の9月入学制度《せいど》」とは、大学の入学時期を海外の大学と同じ9月にしようというものです。

まずは「ステップ1」、テーマ決めです。エッセイでは自分の意見を書かなければならないので、「9月入学制度《せいど》」について、みなさんがどう思っているのかがテーマとなります。簡単《かんたん》なのは、それについて「賛成《さんせい》か」「反対か」のどちらかに決めることです。

ステップ2：オレオ公式で大すじを作る

「ステップ1」で決めたテーマで、O-R-E-Oに沿《そ》って、1行ずつ、4行の大すじを短い文章で書きます。前の章で習った「書きやすくなる文型《ぶんけい》」を使うと、すばやくロジカルな文が作れます。

書きやすくなる文型《ぶんけい》

O　意見の主張《しゅちょう》：私は、〜〜〜と思います。
R　理由や根拠《こんきょ》：なぜならば、〜〜〜
E　具体例《ぐたいれい》の提示《ていじ》：たとえば、〜〜〜
O　意見の強調：だから、〜〜〜したらいいと思います。

この文を使って、「9月入学制度に賛成する」というテーマで、オレオ公式に当てはめて整理してみます。

ステップ3：エッセイを完成《かんせい》させる

「ステップ2」で作った4行の文をつないで、ひとつの短いエッセイを完成《かんせい》させましょう。全部で100字前後の、短いながらもきちんとすじの通ったロジカルなエッ

Opinion　私は、9月入学制度《せいど》に賛成《さんせい》します。
Reason　なぜならば、海外の多くの国の大学が9月に始まるからです。
Example　たとえば、アメリカやヨーロッパの国々も、9月に始まります。
Opinion　だから私は、日本の大学も9月入学になるといいと思います。

セイの誕生《たんじょう》です！

「ハーバード大生みたいな1日10分ライティング」法《ほう》のやり方は、もうわかりましたね？　このO-R-E-Oのそれぞれの文章を増《ふ》やしていくことで、もっと長いエッセイを書くこともできます。大すじをふくらませるための材料《ざいりょう》を増《ふ》やしていけばいいのです。

エッセイのチェックポイント

エッセイを書き終えたら、きちんとすじの通った文章になっているかどうか、自分でチェックする方法《ほうほう》があります。以下《いか》のチェックポイントに沿《そ》って、自分の文章を確認《かくにん》してみましょう。

私は、9月入学制度《せいど》に賛成《さんせい》します。なぜならば、海外の多くの国の大学が9月に始まるからです。たとえば、アメリカやヨーロッパの国々も、9月に始まります。だから私は、日本の大学も9月入学になるといいと思います。

1 自分の主張《しゅちょう》（意見）が、テーマから離《はな》れていないか？

2 主張《しゅちょう》（O）と理由（R）のつながりに無理《むり》がないか？

3 理由（R）と例《れい》（E）は、事実として信《しん》じられるものか？

できれば、できた文章を、おうちの人など大人にチェックしてもらうといいでしょう。文章をチェックして修正《しゅうせい》することで、さらによい文章になるだけでなく、考えて修正《しゅうせい》する過程《かてい》で思考力もどんどん高まります。

おうちの方へ

お子さんが書いたエッセイが、筋の通ったロジカルな文章になっているかどうかをチェックしてください。修正や補足が必要なときは、すぐに修正案を教えるのではなく、「海外の多くの国が9月入学なの？ 全部で何カ国あるのかな？」「どうして日本は4月始まりなのかな？」など、子どもが自分で考えて改善案を導き出せるような質問をするようにしてください。こうしたやりとりを経て、お子さんの思考力が鍛えられていきます。

書いた作文を見直すときのポイント

オレオ公式は、誰《だれ》でも簡単《かんたん》にロジカルな文章が書けるツールです。しかし、この魔法《まほう》みたいなツールの効果《こうか》を最大限《さいだいげん》に生かすためには、ひとつだけ、みなさんが気をつけなければならない約束《やくそく》があります。それは、「O-R-E-O」のそれぞれを、「完全《かんぜん》な文章」で書くということです。

「完全《かんぜん》な文章」を書くとは、一体どういうことでしょうか？

文章には「主語《しゅご》」「述語《じゅつご》」「目的語《もくてきご》」という基本の3つの構成要素《こうせいようそ》*があり、この3つがそろった文章が「完全《かんぜん》な文章」です。3つのうち1つでも抜《ぬ》けると、その文章は意味が伝《つた》わりづらくなってしまい、読み手を困《こま》らせてしまいます。

では、次の短い作文を参考《さんこう》に見てみましょう。

〈例《れい》〉

私は、　9月学期開始制度《せいど》に　賛成《さんせい》します。

主語《しゅご》　目的語《もくてきご》　述語《じゅつご》

たとえば、この文章の中で、主語《しゅご》である「私は」が抜《ぬ》けていたら、誰《だれ》の主張《しゅちょう》なのかわからなくなりますね。つまり、ロジカルな文章では「主語《しゅご》」「述語《じゅつご》」「目的語《もくてきご》」が欠《か》かせないのです。

文章を書くときに重要《じゅうよう》なのは、その3つを省略《しょうりゃく》しないことと、**あいまいな言い方を避《さ》けること**です。

＊「文を構成《こうせい》する要素《ようそ》」とは？

文の中でどのようなはたらきを持っているかで見分けます。

主語《しゅご》…「何（だれ）が（は）」を表す。
（例）「タケシくんが」めずらしく勉強をしている。

述語《じゅつご》…「どうする・何だ・どんなだ・ある（いる・いない）」を表す。
（例）私は作文が「得意《とくい》だ」。

目的語《もくてきご》…「何（だれ）を・いつ・どこで・どのように・どのくらい・どのような・何（だれ）の」など，ほかの文節をくわしく説明する。
（例）タケシくんが「ネコ魔神《まじん》に」や「おいしいたい焼《や》きを」あげた。

接続語《せつぞくご》…「もし・そして・され・しかし・でも」など理由や条件を表したり、前後をつないだりする。
（例）「もし」雨が降《ふ》ったら試合《しあい》は中止だ。

独立語《どくりつご》…「ああ・まあ・はい・いいえ」などほかの文節と直接関係がない。
（例）「ああ」おいしい。

第2章　書く

〈あいまいな言い方の例〉

（△）　なぜならば、　海外では　そうなっているからです。
←　接続語《せつぞくご》　主語《しゅご》　述語《じゅつご》

（○）　なぜならば、　海外の多くの国の学校が　9月に始まるからです。

右の（△）の文章は、「主語《しゅご》」と「述語《じゅつご》」がそろってはいるものの、「主語《しゅご》」も「述語《じゅつご》」も書き方があいまいなので、意図が伝《つた》わりにくいです。左の（○）の文章のように、はっきりとくわしい内容《ないよう》を書くと整った完全《かんぜん》な文章になります。
では、次の文章では何が足りないでしょうか。

（△）　たとえば、　いろんな国で　9月に始まります。
接続語《せつぞくご》　主語《しゅご》　述語《じゅつご》

この文章では、「いろんな国で」という主語《しゅご》だけで、どこの国が9月に始まるのかが書いていないので、あいまいで説得力《せっとくりょく》がありません。

（〇）**たとえば、アメリカやヨーロッパの国々も、9月に始まります。**

接続語《せつぞくご》　主語《しゅご》　述語《じゅつご》

このように、主語《しゅご》をきちんと書くことで意図を正確《せいかく》に伝《つた》えることができます。

文の成分《せいぶん》を大事にしよう！

話し言葉と書き言葉は違《ちが》います。書いた言葉は、時代も空間も超《こ》えてたくさんの人に読まれるかもしれません。自分が書いたものが間違《まちが》った意味で受け取られないようにするためにも文の成分《せいぶん》を考えて書くことが重要《じゅうよう》です。きちんと文の成分《せいぶん》を満たした文章を書くことを習慣化《しゅうかんか》していくと、自然《しぜん》とロジカルな文章が書けるようになるだけでなく、おかしな文章や何かが足りない文章に気づけるようにもなりますよ。

おうちの方へ

上記のような点を踏まえ、お子さんが文の成分を満たした完全な文章が書けているかどうかチェックしてあげてください。短い作文のチェックは難しいものではありません。この工程を経ることで見違えるほど文章が整います。

「書ける脳」をつくる10分間

作文を書くとき、私たちの頭の中ではさまざまなことが起こります。次々《つぎつぎ》に浮《う》かんでくるアイデアを選《えら》んだり捨《す》てたり、まとめたりと大忙《おおいそが》しです。この作業を頭の中だけでやろうとすると、脳《のう》はフル回転しすぎて疲《つか》れてしまいます。その結果《けっか》、ミスをしたり、イヤになって途中《とちゅう》で投げ出したりといったことも起こりかねません。

その点、「ハーバード大生みたいな1日10分ライティング」法《ほう》なら、書きながら考えることができるため、こんなふうに脳《のう》が疲《つか》れきってしまうことがありません。このライティング法《ほう》を身につければ、頭の中で考えているときよりも、もっと優《すぐ》れた構成《こうせい》や表現《ひょうげん》を生み出すことも可能《かのう》です。

ところで、1日たった10分やるだけで本当に身につくのでしょうか？

「書ける脳《のう》」は、毎日少しずつ成長《せいちょう》する

「世界的《せかいてき》に活躍《かつやく》する一流の人たちはどんな練習をしているのか？」。第1章でも登場したアメリカのジャーナリストのダニエル・コイルさん（P50参照）は、その答えを知りたいと研究を続《つづ》けました。

その結果《けっか》、一流の人とは、「自分の能力《のうりょく》を伸《の》ばすために必要《ひつよう》なことは何かを見極《みきわ》めて、それを身につけるために毎日、練習に打ちこんでいる人である」ということを突《つ》き止めたのです。このことからダニエルさんは、**1日に5分ずつでも毎日行うことが、週に1回、1時間だけ集中して練習するよりもずっと効果的《こうかてき》だ**と強調しています。

ところで、韓国の小学生の毎日の平均《へいきん》読書時間は15分に満《み》たないという調査《ちょうさ》結果《けっか》があります（日本の小学生は15分前後）。アメリカの小学校では、授業《じゅぎょう》が始まる前に毎日、ライ

ティングを行っていますが、この時間も15分間です。この数字は、小学生が読書や作文で集中できるのが10分から15分の間であることを物語っています。オレオ公式でロジカル・ライティングを行う時間も、みなさんの集中力が続《つづ》く10分から15分が最適《さいてき》です。

では、一日のうちのいつ練習するのがいいと思いますか？　これは、みなさんが自分で一番やりやすい時間帯《じかんたい》をえらんで、規則的《きそくてき》にできる時間帯《じかんたい》であればいつでもいいのです。朝、学校に行く前がいいのか、夕食の後がいいのか、ゲームをする前に書くのがいいのか。大事なことは、毎日無理《むり》なく続《つづ》けられることです。

自分から進《すす》んでがんばるほどチカラがつく

どんなに効果的《こうかてき》ですばらしい方法《ほうほう》でも、みなさんが自分で行わないとその効《こう》

おうちの方へ

子どもの集中力が持続するのは10〜15分です。しかし、お子さんの関心や習慣次第ではロジカル・ライティングで書き終えるまでに30分かかるときもあるでしょう。また、練習を重ねると５分もかからなくなるかもしれません。重要なことは、10〜15分という時間にこだわるのではなく、子どもたちがロジカルに考えて書く練習を「毎日」「決まった時間に」行うことです。また、一日のうちのいつやるのがいいのか、なぜその時間帯がいいのか、お子さんに尋ねてみてください。

果《か》は期待できません。

下の図は、「ハーバード大生みたいな1日10分ライティング」を、5W1Hを用いて説明《せつめい》したものです。5W1Hとは、英語《えいご》のWhen（いつ）、Where（どこで）、Who（誰《だれ》が）、What（何を）、Why（なぜ）、How（どのように）の頭文字《かしらもじ》を集めたもので、情報《じょうほう》を整理するための原則《げんそく》です。みなさんも学校で習ったことがあるかもしれませんね。ライティングの練習を、いつ、どうやって行うのか考えてみてください。

ひと目でわかる
「ハーバード大生みたいな1日10分ライティング」

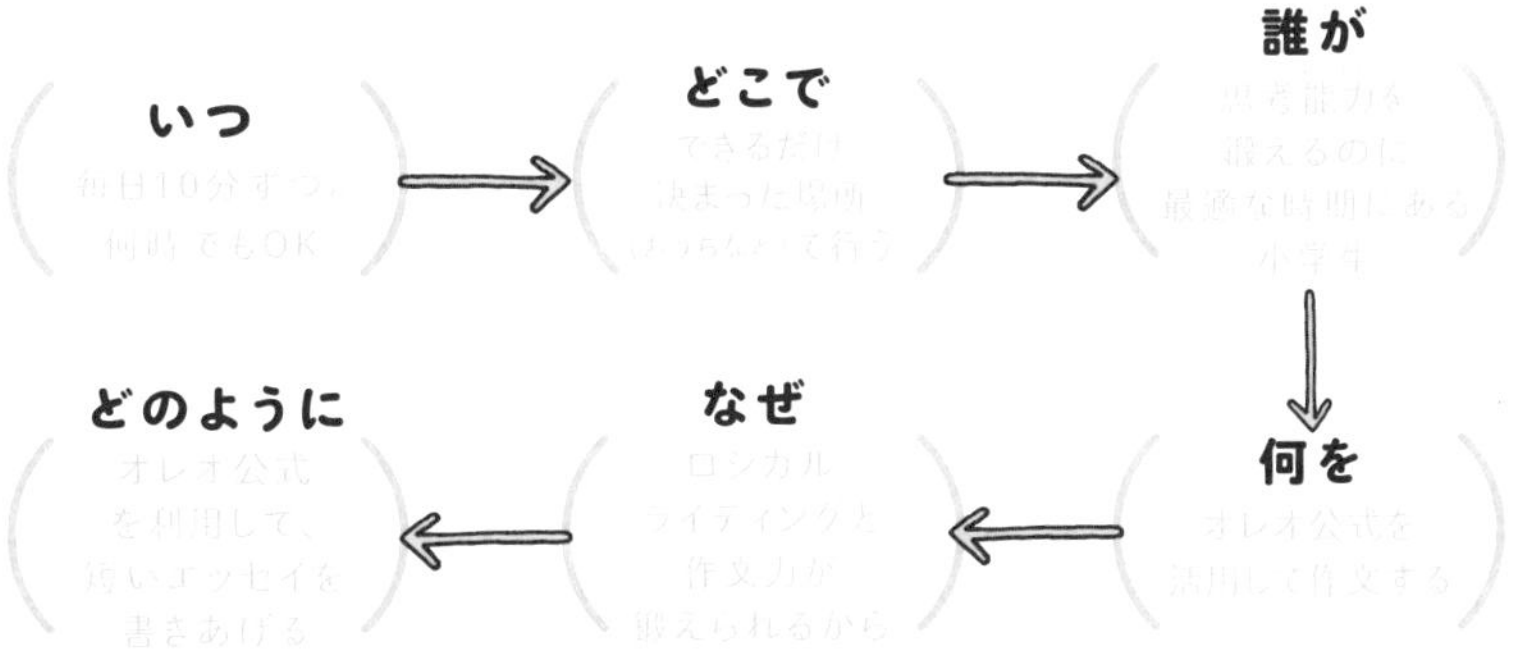

作文は手で書くと上達《じょうたつ》する

みなさんの中には、パソコンやスマートフォン、タブレットの操作《そうさ》が得意《とくい》な人もいることでしょう。「ハーバード大生みたいな1日10分ライティング」の毎日の練習も、そうしたデジタルデバイスを使って書きたいと思うかもしれません。

ですが、ちょっと待って！　この10分ライティングはぜひ、手書きで行ってほしいのです。ノートに手で書くことが、脳の活動を活発にするという研究結果《けっか》があるからです。

これを支持《しじ》する面白い実験《じっけん》があります。アメリカのインディアナ大学で心理学を教えているカリン・ジェームズ教授《きょうじゅ》が、手書きで文字を書くことについて次のような実験《じっけん》を

しました。

まだ読み書きがあやふやな小さな子どもたちに、文字が書かれたカードを見せ、「紙に手で書かせる」「点線で描《えが》かれたりんかくをなぞらせる」「コンピュータにタイピングさせる」という3つの方法《ほうほう》で、カードと同じように書いてもらったときの脳《のう》がそれぞれどれくらい活発になるのかを調べました。

その結果《けっか》、紙に直接《ちょくせつ》手書きした子どもたちの脳《のう》には、大人が読み書きするときと同じ部分が活発になる反応《はんのう》が見られたのです。一方、ほかの2つの方法《ほうほう》には、そうした反応《はんのう》はごくわずかであったり、見られなかったということです。

こうしたことから、ジェームズ教授《きょうじゅ》は、手で文字を書くことが子どもの脳《のう》を発達《はったつ》させるという結論《けつろん》を出しました。作文を手書きする場合は、漢字や送りがななどの言葉の成《な》り立ちや、文字のバランスまで考えています。こうしたことまで気を配るため、手書きのほうがはるかに脳《のう》が鍛《きた》えられるというわけです。

きれいな文字は得《とく》をする!?

作文を手書きで書くことをすすめる理由がもうひとつあります。毎日、手で文字を書けば書き方も上達《じょうたつ》するからです。

文字がきれいであることは、実はテストでも得《とく》することがあります。たとえば、作文の採点《さいてん》の場合、同じ内容でも、先生が読むのに苦労《くろう》するほどのきたない文字で書かれた文章では、書かれた内容《ないよう》まで説得力《せっとくりょく》に欠《か》けて見えるからです。

きれいな字は得《とく》をします。毎日書くときは、きれいに書くことも心がけてみましょう。

第 3 章

ハーバード大生みたいに勉強する

テストも受験《じゅけん》も、
オレオで攻略《こうりゃく》しよう!

ハーバード大学の学生たちはどんな勉強をしているのか

ハーバード大学の学生1人が卒業《そつぎょう》するまでに書いたエッセイ用紙を集めて重さを量《はか》ると、A4サイズの用紙の総重量《そうじゅうりょう》が50キログラムにもなるそうです。大学生の彼《かれ》らもたくさんのライティングの宿題をこなしているのですね。

学生たちは、その宿題のおかげで授業《じゅぎょう》にも積極的《せっきょくてき》に取り組めて、内容《ないよう》がしっかり理解《りかい》でき、アイデアも浮《う》かぶようになったと実感しています。また、ライティングの宿題を通して、新たな興味《きょうみ》や面白さを見つけたという学生たちもいます。

書いて学ぶことに意義《いぎ》がある

ハーバード大学で心理学を学んでいる学生800人を対象に、次のような実験《じっけん》が行われました。

まず、Aグループの学生には、あるテーマに関《かん》する主な内容《ないよう》を教えた後で、そのテーマについて自由にエッセイを書いてもらいました。彼《かれ》らは理解《りかい》した内容《ないよう》に、たとえなどを交えながらオリジナルの文章を書きあげました。

一方、Bグループの学生には、同じテーマの主な内容《ないよう》をまとめたスライドを見せた後、その内容《ないよう》や事例《じれい》をそのまま書き写してもらいました。

さて、実験《じっけん》が始まるのはここからです。

AB両グループの全員に対し、先ほどのテーマについてどの程度《ていど》理解《りかい》できているのか、テストを受けてもらいました。すると、単《たん》に写し書きしただけのBグループの学生よりも、自分で文章にまとめたAグループのほうがずっと内容《ないよう》を理解《りかい》していることがわかりました。その実験《じっけん》から2カ月後にもう一度同じような実験《じっけん》を行ってみても、やはりAグループの学生たちの学習効果《こうか》のほうがずっと高かったのです。

これは
こういうことだと、
ぼくは思います。
だから…
たとえば
○○では…
B
A

また、こんな実験《じっけん》もあります。アメリカの科学学術《がくじゅつ》雑誌《ざっし》『サイエンス』が、大学生を対象《たいしょう》に、科学について書かれた短いテキストを5分間読んでもらう実験《じっけん》を行いました。学生たちは3つのグループに分かれ、Aグループは試験《しけん》勉強さながらにテキストをくり返し読み、Bグループは内容《ないよう》を図にまとめ、Cグループは読んだテキストについての短い感想文を書きました。1週間後、この学生たちに、最初《さいしょ》に読んだ短いテキストについてテストを行いました。成績優秀《せいせきゆうしゅう》だったのはどのグループだったと思いますか？

結果《けっか》は、Cグループが一番優秀《ゆうしゅう》で、続《つづ》いてAグループ、Bグループの順《じゅん》だったのです。研究グループは、この結果《けっか》から、**「読んだ内容《ないよう》を自分の言葉で新たに書き直すと、長く記憶《きおく》に残《のこ》りやすい」**という答えを導《みちび》き出しました。

この2つの大学の実験《じっけん》は、いずれも、学んだことを、自分の言葉にして誰《だれ》かに説明《せつめい》することがもたらす学習の効果《こうか》の高さを証明《しょうめい》しています。

A:くり返し読む
B:図にまとめる
C:感想文を書く
C
A
B
1
2
3

ユダヤ式の家庭教育、「ハブルータ学習法《ほう》」

ユダヤ人は教育熱心なことで知られています。彼《かれ》らの教育方法《ほうほう》の中でも、「ハブルータ」と呼《よ》ばれる学習法《ほう》が有名で、これは「お互《たが》いに教え合う」学習法《ほう》です。

彼らは、**「人に説明《せつめい》できなければ知らないことと同じ」**と考えて、子どもたちには、教えることと同時に自分の言葉で説明《せつめい》させるようにすすめています。子どもたちはやがて、ほかの人たちにも説明《せつめい》できるようになり、学んだことを確実《かくじつ》に自分のものにしていくのです。

先ほどの大学での実験《じっけん》でもわかったように、集めた情報《じょうほう》を自分の言葉で文章にすることも同様の効果《こうか》が期待できます。もしかしたら、それ以上《いじょう》かもしれません。なぜなら、書くためには、口で語るだけよりもずっと深く考え、もっときちんと理解《りかい》していなければならないからです。そのようにして得《え》た知識《ちしき》が長く記憶《きおく》に残《のこ》ることは間違《まちが》いありません。

勉強ができる人とできない人の決定的《けっていてき》な違《ちが》い

「メタ認知《にんち》学習法《ほう》」という言葉を聞いたことがありますか？　自分のことを客観的《きゃっかんてき》に見る力を「メタ認知《にんち》」と言います。「メタ認知《にんち》学習法《ほう》」は、みなさんが勉強するときに、自分がどれだけ勉強ができているかを客観的《きゃっかんてき》に把握《はあく》することで、学習力をもっと高めていこうという学習法《ほう》です。自分で考えて疑問点《ぎもんてん》や答えを探《さが》していく自主的《じしゅてき》な勉強も、このメタ認知《にんち》があってこそできるものです。

成績《せいせき》がずば抜《ぬ》けて優秀《ゆうしゅう》な子どもたちは、このメタ認知能力《にんちのうりょく》が優《すぐ》れているのです。勉強していると、「難《むずか》しすぎて、何がわからないのかもわからない」となってしまう人も多いと思いますが、メタ認知《にんち》に優《すぐ》れた人は、自分が何をわかっていて、何がわかっていないのかをしっかりと把握《はあく》できています。だから、限《かぎ》られた時間内でも、わからないことを重点的《じゅうてんてき》に勉強してカバーすることができるので成績優秀《せいせきゆうしゅう》なのです。

しかし、「難《むずか》しすぎて、何がわからないのかもわからない」というメタ認知能力《にんちのうりょく》の低《ひく》いタイプの人たちも、塾《じゅく》に通ったり、予習をしたり、単語帳《たんごちょう》を作ったりと一生懸命やっているのです。しかし、自分の弱点がわかっていないから、せっかく勉強をしても必要《ひつよう》のないことにまで時間をかけてしまってとても効率《こうりつ》が悪いのです。

最近《さいきん》ではオンラインで学習する機会《きかい》が飛躍的《ひやくてき》に増《ふ》えました。タブレット、スマートフォン、コンピュータで学ぶことが日常的《にちじょうてき》になっています。

ただ、オンライン学習には落とし穴があります。それは、「なんとなくわかった気になる」という錯覚現象《さっかくげんしょう》です。せっかく勉強するのですから、これだけは避《さ》けなければなりません。

特《とく》に、メタ認知能力《にんちのうりょく》の低《ひく》い人や、自主的《じしゅてき》に勉強するのが苦手な人は、オンライン学習の際《さい》には気をつけてください。こうした落とし穴《あな》を避《さ》けるため、オンライン学習でも、必《かなら》ず手書きでノートを取り、自分で考えて書いてまとめるようにしましょう。

自分が何がわかっていて、何がわからないのかを確認《かくにん》するのにも、「ライティング」が最適《さいてき》です。テーマについて書くことほど、メタ認知能力《にんちのうりょく》を向上させる近道はありません。次の項目でオレオ公式を使った学習法《ほう》をご紹介します。

ぼくって天才!!

国語も算数も！ オレオ公式を応用《おうよう》した万能《ばんのう》な「オレオ学習法《ほう》」

第2章で、「オレオ公式」でごくごく短いエッセイを書いてみる練習をしましたね。

せっかくなので、オレオ公式を使って勉強する「オレオ学習法《ほう》」にも挑戦《ちょうせん》してみましょうか。「オレオ学習法」とは、考えをロジカルな文章に書いてまとめる「オレオ公式」のライティング方法を勉強に応用《おうよう》したものです。

勉強したことをオレオ公式で整理すると、頭の中で情報《じょうほう》が整理されるため、より深く理解《りかい》できます。つまり、メタ認知《にんち》学習法《ほう》の項目《こうもく》でお話ししたように、理解《りかい》していることと理解《りかい》できていないことが明確《めいかく》になり、勉強の効率《こうりつ》が上がるというわけです。

書いて学ぶ「オレオ学習法《ほう》」のやり方は、次のとおり。

ステップ1：学んだことをオレオ公式に沿《そ》って、4行で書く。
ステップ2：書くときはそれぞれ1行、1段落《だんらく》で書くこと。
ステップ3：書き終えた4段落《だんらく》を合体させ、ひとかたまりの文章にする。

学んだことをしっかり理解《りかい》して応用《おうよう》できるようにするためには、自分の手で書いて学ぶのが一番です。ハーバード大学の各《かく》学科でも書くプログラムが導入《どうにゅう》されているのも、そのためです。

私たちも、学んだことを書いて、自分の言葉で表現《ひょうげん》することで身につけていきましょう。

算数の記述《きじゅつ》問題

近ごろ、中学受験《じゅけん》などでも、算数の問題で、答えだけでなく、どうやって答えを導《みちび》き出したのかを書かせる記述《きじゅつ》問題が増《ふ》えてきているようです。せっかく答えが正解《せいかい》しているのに、この記述《きじゅつ》がうまく書けなければ高得点《こうとくてん》はねらえませんね。そんな時も、「オレオ学習法《ほう》」の出番です。

算数の記述《きじゅつ》問題を教える塾《じゅく》のベテラン講師《こうし》も、「記述《きじゅつ》問題は計算過程《かてい》を記すのではなく、どうやって考えたのか、その思考過程《かてい》を文章で説明《せつめい》するものである」と述《の》べています。算数が得意《とくい》なのに記述《きじゅつ》問題は苦手という生徒《せいと》は、問題は解《と》けても、その途中過程《とちゅうかてい》を文章化するのが苦手なのです。

オレオ公式でトレーニング中のみなさんなら、算数で記述《きじゅつ》問題が出た場合でも、どうやって文章を書いたらいいのか、もう想像《そうぞう》できているかもしれませんね。

〈算数の記述《きじゅつ》問題の解《と》き方〉

O：答えを書く。

R：どうしてその答えにたどり着いたのか、どのように考えて計算式を立てたか、あるいは用いた公式について述べる。

E：計算過程《かてい》を説明《せつめい》する。

O：自分の答えが正しい答えであると強調する。

応用《おうよう》してこそ、力になります。さっそく次の問題を、オレオ公式で答えてみましょう。

〈問題〉

タケシくんは、銀行に預《あず》けている5258円を引き出そうと考えています。その時、1000円札《さつ》は全部で何枚《まい》になるでしょうか。答えと、その計算過程《かてい》を書きなさい。

〈答えの書き方〉

O：答えを書く。

1000円札《さつ》の枚数《まいすう》は、5枚《まい》となる。 ⇐

R：なぜその答えにたどりついたのか、
どのように考えて計算式を立てたか、
あるいは用いた公式について述べる。

⇐ 5258円をお札の金額の1000円で割《わ》れば、出た整数が枚数《まいすう》となるため。

E：計算過程《かてい》を説明《せつめい》する。

⇐ これを計算すると、
5258÷1000＝5・258
つまり、1000円札《さつ》5枚《まい》と、残《のこ》りの258円分の現金《げんきん》になる。

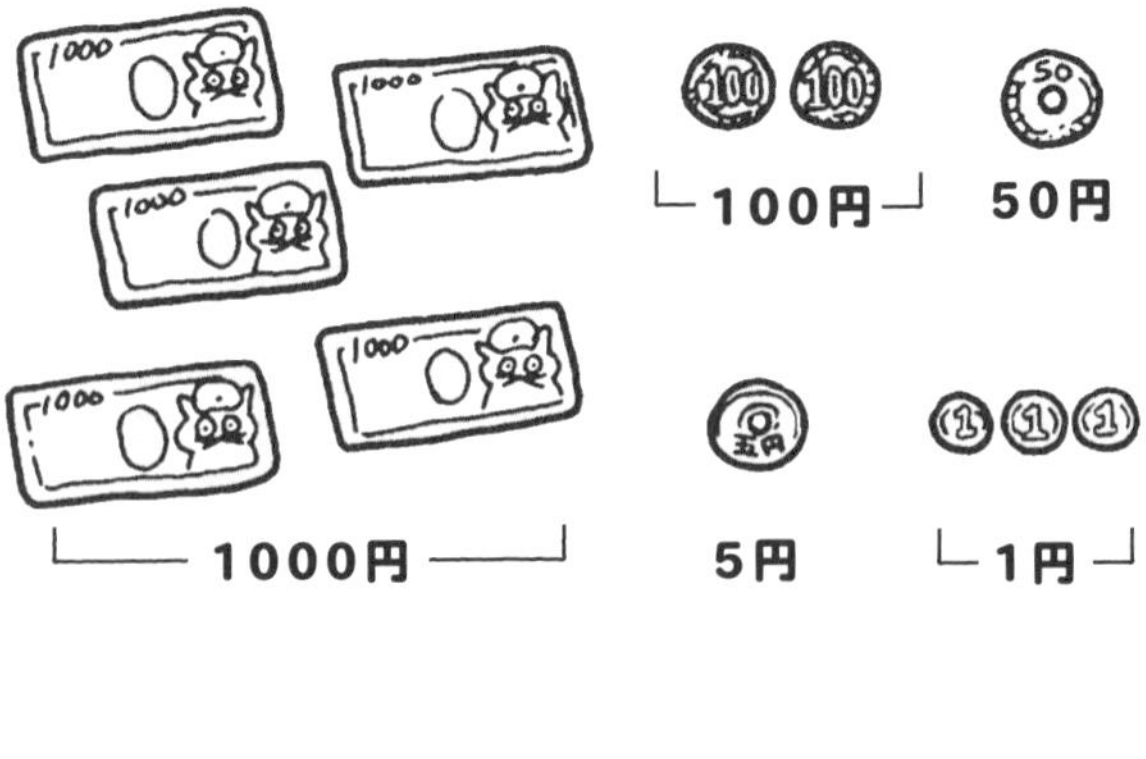

O：自分の答えが正しい答えであると強調する。

⇐

したがって、5258円を引き出すとき、1000円札《さつ》の枚数《まいすう》は5枚《まい》となる。

いかがでしたか。オレオ学習法《ほう》は、国語以外《いがい》の勉強にも役に立つのです。

討論《とうろん》がうまい人になる秘訣《ひけつ》

韓国《かんこく》の小学校では、3、4年生の国語の時間に、お互《たが》いに意見を交わし合う授業《じゅぎょう》が行われます。5年生になると、テーマに沿った討論（ディベート）にレベルアップし、グループ対抗《たいこう》やクラス対抗《たいこう》での討論《とうろん》大会も経験《けいけん》します。

討論《とうろん》とはどういったものでしょうか？

討論《とうろん》は、特定《とくてい》のテーマについて、「私の考えはこうです。あなたはどう思う？」といった、単純《たんじゅん》な意見交換《こうかん》をするものではありません。そのテーマについて、賛成《さんせい》か反対かに分かれ、それぞれの立場から主張《しゅちょう》して、**相手を説得《せっとく》する**コミュニケーションの方法《ほうほう》のことです。

したがって、みなさんが賛成《さんせい》と反対のどちらを選択《せんたく》した場合でも、その問題の重要《じゅうよう》な部分をきちんと理解《りかい》して意見を発表し、理路整然《りろせいぜん》と主張《しゅちょう》しなければなりません。

討論《とうろん》の達人《たつじん》になるには

討論《とうろん》では、テーマを理解《りかい》する力、テーマについてロジカルに意見をまとめる力、その意見を発言して相手に伝《つた》える力など、さまざまなハイレベルな力が求められます。討論《とうろん》の達人《たつじん》になるための方法として、専門家《せんもんか》は次のように語っています。

1 テーマについてしっかり理解《りかい》する

2 相手の意見をよく聞く

3 自分の意見をロジカルに主張《しゅちょう》する

4 自分の主張《しゅちょう》の根拠《こんきょ》や例《れい》をなるべく多く集めておく

なんだか見覚《みおぼ》えがありませんか？　そう、これまで見てきたオレオ公式にそっくりです。オレオ公式でライティングのトレーニング中のみなさんなら、討論《とうろん》のために特別《とくべつ》な勉強をする必要《ひつよう》はありません。実際《じっさい》、討《と》論《ろん》を専門《せんもん》に教えている塾《じゅく》の先生たちも、討《と》論《ろん》の力を伸《の》ばしたい受講生《じゅこうせい》たちに、ロジカルな作文の練習から始めることをすすめています。

オレオ公式の討論《とうろん》への活用方法《ほうほう》は次のとおりです。

ステップ1：テーマについてよく考える

ステップ2：オレオ公式（O-R-E-O）

なにぃ～！
おやつはたい焼《や》きに決まってる!!

で自分の考えを整理してまとめる

ステップ3：ステップ2で整理したとおりに発言する

オレオ公式を使って、みなさんも討論《とうろん》の練習をしてみませんか。テーマを決めたら、手始めに、お母さんやお父さん、おうちの人と、賛成《さんせい》・反対に分かれて討論《とうろん》してみましょう。

〈テーマ例《れい》〉

「のら犬と飼《か》い犬、どちらが幸せだと思う？」
「テストはあったほうがいい？　ないほうがいい？」
「レジ袋《ぶくろ》は、有料《ゆうりょう》になってよかったと思う？」

おうちの方へ

お子さんが関心のありそうなテーマで、ぜひ討論をしてみてください。テーマについて、お子さんと考え方が違う場合は、保護者のみなさんもオレオ公式で考えをまとめて主張しなければなりません。大人のロジカルな意見を聞いて、お子さんもどうにか自分の主張を通そうと、さらに思考を深めていくはずです。そうなると、討論がますます面白くなっていきます。

先生もとりこにする読書記録法《きろくほう》とは

高校で進学指導《しどう》をしているある先生が、新聞のインタビューで読書の重要性《じゅうようせい》について力説《りきせつ》していました。

「もし今、うちの子が高校1年生ならば、とにかく本を読ませたい。読書は、進路探《さが》しや成績《せいせき》など、すべてのことをにぎるカギだからです」

この先生が読書の大切さを語るのも当然《とうぜん》です。記事によれば、韓国《かんこく》の大学入試《にゅうし》では、受験生《じゅけんせい》たちの学力や専攻《せんこう》分野への適性《てきせい》をはかるときに、まず「読書記録《きろく》」を確認《かくにん》して判《はん》断基準《だんきじゅん》としているのだそうです。そのため、次のような問題が出題されます。

「高校在学《ざいがく》中に読んだ本の中から、特《とく》に感銘《かんめい》を受けた（感動して心を動かされた）本を3冊《さつ》以内《いない》で選《えら》び、その本を読んだきっかけ、本の評価《ひょうか》、自分が受けた影響《えいきょう》を述《の》べなさい」

難《むずか》しそうですって？　たしかに、こうした小論文《しょうろんぶん》の執筆《しっぴつ》は、学校の宿題で書く読書感想文の感覚《かんかく》ではとても勝負できません。そのため、高校の先生たちは生徒《せいと》に対し、日常《にちじょう》的《てき》に本を読むだけではなく、その本から何を感じてどんな影響《えいきょう》を受けたのか、具体的《ぐたいてき》に記録《きろく》する習慣《しゅうかん》をつけなさいと指導《しどう》しています。

みなさんはいかがですか？　小学校低《てい》学年の生徒《せいと》たちの読書感想文を見ると、たいていが本のあらすじのまとめと短い感想だけで終わっていて、本の内容《ないよう》に対する自分の考えを盛《も》り込《こ》むところまではできていません。みなさんもこの書き方から抜《ぬ》け出さない限《かぎ》り、大きくなっても感想文が上達《じょうたつ》しません。

オレオ公式で読書記録《きろく》を書く

みなさんも、本を読んでいる間に浮《う》かんだ考えや感情《かんじょう》を大切にし、その理由を振《ふ》り返る習慣《しゅうかん》をつけましょう。これも、オレオ公式を活用して次のように書くことができます。

〈例《れい》〉

O：私は『〇〇〇』という本を読みました。

R：この本を選《えら》んだ理由は、〜〜〜〜〜だからです。

E：この本を読んで、〇〇の部分や△△の部分で、こうした考えや、感想を持ちました。

O：この本を読んで、〇〇という考えを持ちました。

読書が終わったら、毎回、自分に対してこんなことを質問《しつもん》してみてください。

「この本を友達《ともだち》にすすめたいか？」
「すすめるなら誰《だれ》にすすめる？」
「なぜすすめたいのか？」
「気に入ったフレーズや文章はあった？」

いかがですか？　答えが浮《う》かんできたら、それもオレオ公式で書いてみましょう。書き終わったら、立派《りっぱ》な読書感想記録《きろく》になっています。

〈例〉

O：私はこの本を、〜〜している友達《ともだち》にすすめたいです。
R：なぜならば、この本が〜〜〜で、〜〜〜だからです。
E：たとえば、この本に〜〜〜という内容《ないよう》が登場します。
O：だから、〜〜している友達《ともだち》がこの本を読んで、〜〜してくれたらいいなと思います。

本の内容《ないよう》に合わせて質問《しつもん》のバリエーションを変《か》えると、文章が面白くなります。

「その本を読んで学んだことは何？」

この質問《しつもん》に対して、オレオ公式を使って作文してみます。

〈例〉

O：この本から学んだことをひとつ取り上げるなら、〜〜〜ということです。

R：私が、そのことを選《えら》んだ理由は〜〜〜だからです。

E：たとえば、この本に〜〜〜という内容《ないよう》が登場します。

O：この本で学んだことを生かして、これから〜〜〜するつもりです。

ぼくはこの本を
ネコ魔神《まじん》にすすめたいです。
なぜなら、この本には
ネコ魔神《まじん》が大好きなたい焼《や》きが
たくさん出てくるからです。
特《とく》においしそうだったのは……
その本は実に面白そうだ…

オレオ公式で自己紹介文《じこしょうかいぶん》を書いてみる

みなさんは今後、さまざまな場面で自己紹介文《じこしょうかいぶん》（自己《じこ》ＰＲ文ともいいます）を書くことになるでしょう。早い人では、中学受験《じゅけん》の願書《がんしょ》と一緒《いっしょ》に書くことになるかもしれませんね。自己紹介文《じこしょうかいぶん》をいきなり書けと言われても、大人でもためらってしまうものです。普段《ふだん》から、自分の長所や能力《のうりょく》を把握《はあく》しておくことはもちろん、それをきちんとすじのとおったロジカルな文章で書かなければならないからです。

すでに、世界の大手企業《きぎょう》では就職採用《しゅうしょくさいよう》の場面でＡＩによる応募書類《おうぼしょるい》の振《ふ》り分けが始まっています。合理的《ごうりてき》で効率《こうりつ》よく判断《はんだん》ができて人間の面接官《めんせつかん》よりも有能《ゆうのう》だからです。そうなると、今後ますます、ロジカルな文章で書くことが求《もと》められていくでしょう。

採点者《さいてんしゃ》がAIでも人間でも、難《むずか》しく考えることはありません。結局《けっきょく》は、オレオ公式を使っていつもと同じように文章を書けばよいのです。自己紹介文《じこしょうかいぶん》の場合は、みなさんの性別《せいべつ》にかかわらず、一人称《いちにんしょう》は「私《わたし》」を使うとよいでしょう。

〈例《れい》〉

O：私の特技《とくぎ》（長所）は〜〜〜です。

R：その理由は、〜〜〜〜〜だからです。

E：たとえば、私は以前《いぜん》、〜〜〜〜〜な経験《けいけん》（受賞経験《じゅしょうけいけん》や体験《たいけん》などを書く）をしました。

O：だから私は、この特技《とくぎ》を生かして〜〜〜〜（今後学びたいことや、将来《しょうらい》の希《き》望《ぼう》などを書く）〜〜したいです。

オレオ公式で自分を知る

自分がどんな人間なのかがわかっていれば、オレオ公式に当てはめるのも簡単《かんたん》ですね。しかし、そんな人はごくわずかだと思います。だからこそ、**普段《ふだん》から、自分がどんな人間なのかを観察《かんさつ》する習慣《しゅうかん》をつけてください。**自分のことを見つめて、気付いたことを文章にしてみましょう。

「自分が得意《とくい》なこと」「自分が嫌《きら》いなこと」「やってみたいこと」などについて、オレオ公式で書いてみましょう。

〈例〉

O：私の特技《とくぎ》は、友達《ともだち》作りです。

R：なぜならば、保育園《ほいくえん》の頃から引越《ひっこし》が多かったからです。

E：たとえば、2年生の夏にこの学校に転校してきたときも、最初《さいしょ》の1

週間で3人もの友達《ともだち》を作りました。

O：前の友達《ともだち》と離《はな》れるのはさみしいですが、新しく友達《ともだち》が増《ふ》えるのはうれしいです。これからも私の特技《とくぎ》をいかしてたくさんの友達《ともだち》となかよくしたいです。

オレオ公式を使えば、根拠《こんきょ》を論理的《ろんりてき》にすることができます。こうした作文を書き続《つづ》けることで、自分についてくわしく知っている専門家《せんもんか》になれます。そうなれば、自己紹介文《じこしょうかいぶん》も、進学や進路決定でもまようことはありません。

O ⇨ ぼくはかっこいい。
R ⇨ なぜなら勉強も運動も得意《とくい》！
E ⇨ テストは50点も取れたし、徒競走《ときょうそう》は（5人中）4位《い》だった！
O ⇨ やっぱりぼくはかっこいい!!
自己評価《じこひょうか》が高いな……

新しいアイデアが必要《ひつよう》なときも、オレオ公式

アメリカの経済《けいざい》学者、ポール・ローマー教授《きょうじゅ》は、ノーベル経済学賞《けいざいがくしょう》も受賞《じゅしょう》した創意力《そういりょく》（新しいものやアイデアを作り出す力、クリエイティブな力）にあふれる人です。そんなローマー教授《きょうじゅ》も、「創意力《そういりょく》を育てるにはライティングが一番」だと語っています。創意力《そういりょく》とは、ゼロから突然《とつぜん》何かが生まれるのではなく、読み書きという基本的《きほんてき》な作業の次についてくるものだと言っているのです。

もし、〜〜なら？（What If?）

韓国《かんこく》科学技術院《ぎじゅついん》（KAIST）のペ・サンミン教授《きょうじゅ》は、チェジュ島の自然風景《しぜんふうけい》をデザイ

ン化したペットボトルで、世界的《せかいてき》なデザイン大会の優秀賞《ゆうしゅうしょう》を受賞しました。このペットボトルは美しいだけでなく、一般《いっぱん》のペットボトルよりも少ない材料《ざいりょう》でも強度が高いというすばらしいものです。ペ教授《きょうじゅ》は、こうした国際的《こくさいてき》なコンクールでたびたび受賞《じゅしょう》しています。一体どんな秘訣《ひけつ》があるのでしょうか？

「もし、〜〜なら？」（What If？）

ペ教授《きょうじゅ》は、何度も自分にこう問いかけ、その答えを文章にしていると述《の》べています。彼《かれ》を輝《かがや》かせている創意力《そういりょく》の秘訣《ひけつ》は、書いて考えを整理していることにありました。アイデアが浮《う》かばず苦労《くろう》している学生たちには、「もし、〜〜なら？」と考えて、文章化することをすすめているといいます。

ではさっそく、オレオ公式を使ってみなさんも書いてみましょうか。

〈新しいアイデアを考えるオレオ公式〉
ステップ1：「もし、〜〜なら？」と問いかけます。
ステップ2：質問《しつもん》に対する答えを、オレオ公式で整理して書きます。
ステップ3：オレオ公式の4文をつないで、ひとつの文章にします。

質問《しつもん》は、みなさんが気になることならなんでもオーケーです。

〈質問例《しつもんれい》〉
「もし、私がユーチューバーなら、どんな動画を作る？」
「もし、夏休みが3カ月あったら、どう過ごすのがいいか？」
「もし、お小遣《こづか》いを10万円もらったら何に使う？」

「どうすればできる？」（How Might We？）

アメリカのスタンフォード大学では、創意力《そういりょく》に富《と》んだリーダーシップを伸《の》ばす授業《じゅぎょう》で、「私たちは、どうすれば〜〜できる？」（How Might We？）という質問《しつもん》を活用しています。この質問《しつもん》は、問題解決《かいけつ》のためのアイデアが必要になったときに有効《ゆうこう》です。

あまりにも広すぎる質問《しつもん》だと具体的《ぐたいてき》に答えるのが難《むずか》しくなるので、身近な質問《しつもん》がいいでしょう。

〈質問例《しつもんれい》〉

「私たちは、どうすれば雨の日を楽しく過《す》ごせる？」

「私たちは、どうすれば係活動の負担《ふたん》を平等にできる？」

「私たちは、どうすればスマホを見る時間を減《へ》らせる？」

オレオ公式の4文を使って答えを書いてみましょう。

おうちの方へ

お子さんが楽しく作文ができるように、「もし、〜〜なら？」（What If？）、「どうすれば〜〜できる？」（How Might We？）と問いかけながら子どもの考えを引き出すお手伝いをしてあげてください。

感想文を書くならKFC公式で！

みなさんは、感想文を書くのは得意《とくい》ですか？　社会科見学に行っていろいろ見るのは好きだけど、帰ってきてから感想文（レポート）を書くとなると「何を書いたらいいのかわからない」と悩《なや》む人も多いでしょう。また、夏休みや冬休み、読書週間に書かされる読書感想文はどうでしょうか？　本を読むのは楽しいけれど、感想文は苦手という人もいるでしょう。

感想文は、自分の感じたことを文字で表現《ひょうげん》し、それが読む人に伝《つた》わらなければなりません。そんな時は、ロジカルな文章を作るオレオ公式よりも、**気持ちのこもった文章が書ける「ＫＦＣ公式」**を使うとよいでしょう。ＫＦＣ？　ケンタッキー・フライド・チ

キンの略称《りゃくしょう》と同じなので、覚《おぼ》えやすいですね。

ＫＦＣ公式のＫＦＣとは、Key point（キーポイント＝大事なポイント）、Feel（フィール＝感じたこと）、Conclusion（コンクルージョン＝まとめ、結《むす》び）の頭文字《かしらもじ》を取ったものです。

この公式は、手紙や日記、体験《たいけん》学習レポート、読書感想文など、学校で書く課題で大《だい》活躍《かつやく》してくれるでしょう。

Key point《キーポイント》：大事なポイントをつかむ

まず、この作文で何を書くのかを決めます。特《とく》に記憶《きおく》に残《のこ》っていること一点だけにしぼって書くことをおすすめします。書き

共感型の作文にはKFC公式

Key point《キーポイント》	大事なポイントをつかむ
Feel《フィール》	感じたことや思いを整理する
Conclusion《コンクルージョン》	学んだことをまとめる

出しが難しいときは、「○○○に行ってきました」「〇〇〇なことをしました」「〇〇〇を読みました」など、書きやすいパターンを利用《りよう》するのもひとつの方法《ほうほう》です。

Feel《フィール》：感じたことや思いを整理する

その体験《たいけん》をしている過程《かてい》を思い出して書きます。そこで体験《たいけん》したさまざまなことの中から、自分がなぜそのひとつにしぼったのか理由も考えてみます。そうすると、その時の驚《おどろ》きや感情《かんじょう》も芋《いも》づる式に細かく思い出してきます。書きやすいパターンには「○○○と思いました」「○○○なところに感動しました」などがあります。

Conclusion《コンクルージョン》：学んだことをまとめる

最後《さいご》のまとめです。ただ感想だけで終わらせず、その体験《たいけん》から得《え》た意味や価値《かち》を書き加《くわ》えましょう。前のKとFの段階《だんかい》で書いた内容《ないよう》や感情《かんじょう》をまとめます。「今回の体験《たいけん》学習を通して、～～ということを発見しました。／～～だということを知りました。／～～すべきだと思いました」「これから～～～したいと思います」といったパターンを使うと、文章を無理《むり》なく終わらせることができます。

〈例《れい》〉

K：〜〜〜の見学に行ってきました。

F：〜〜〜なところを見て、〜〜〜なことに感心しました。また、〜〜〜なことにも驚《おどろ》きました。

C：今回の見学を通して、〜〜〜ということを知りました。これからの生活にも〜〜〜したいと思います。

オンライン授業《じゅぎょう》もオレオ公式で解決《かいけつ》

学校でも塾《じゅく》でも、オンラインで授業《じゅぎょう》を受ける機会《きかい》が増えています。オンライン授業《じゅぎょう》では、先生やクラスメートとのコミュニケーションがとても重要《じゅうよう》になります。直接《ちょくせつ》会って説明《せつめい》することができないので、コメントフォームにコメントを入力するときに、相手がわかりやすいように入力しなければなりません。

まず最初《さいしょ》に、答えを書きます。次に、なぜそう思うのかの理由を書きます。最後《さいご》にもう一度、答えを書いて強調します。オレオ公式のやり方ですね。

たとえば、新学期の始まりが4月と9月、どちらがいいかを先生に尋《たず》ねられた場合の答え方です。この時に「4月」「9月」と、答えだけ入力するのは好《この》ましくありません。

まずは、

「私は新学期が9月から始まるほうがいいと思います」

という、主語《しゅご》や述語《じゅつご》もある文章から始めましょう。


次に、その理由を入力します。

「なぜなら、日本の4月は、すぐにゴールデンウィークに入るからです」


そして、主張《しゅちょう》を補足《ほそく》する具体例《ぐたいれい》を入れます。

「まだ新しいクラスに慣《な》れていないのに、長い休みがあると勉強も忘《わす》れてしまうのでよくないと思います」


最後に、答えをまとめます。

「だから私は、新学期が9月から始まるほうがいいと思います」

ただぶっきらぼうに「4月」「9月」と答えだけを書くよりも、相手にもわかりやすく、考え方が伝《つた》わると思いませんか。また、ていねいに書くことで、読む相手も気持ちよく読むことができますね。

第 4 章

ハーバード大生みたいに エッセイを書く

オレオ公式が身についたら
中・長文のエッセイにチャレンジ！

世界最高《さいこう》の「ハーバード式エッセイ」にチャレンジ！

一流の成績《せいせき》を収《おさ》めている人たちを研究している心理学者のアンダース・エリクソン博士《はかせ》は、上達《じょうたつ》のために必要《ひつよう》なことについて結論《けつろん》を次のように導《みちび》き出しました。

「上達《じょうたつ》するためには、手当たりしだいに練習するのではなく、効果的《こうかてき》な練習を長く続《つづ》けることが重要《じゅうよう》である」。

この点では、みなさんが練習しているオレオ公式に沿《そ》った「ハーバード式ライティング」は、論理的《ろんりてき》な文章を書くために設計《せっけい》されている効果的《こうかてき》な方法《ほうほう》なので安心ですね。あとは博士《はかせ》の言葉どおり練習を長く続《つづ》けていけば、作文が上達《じょうたつ》するだけでなく論理的《ろんりてき》な考え方までが身につきます。そして、学校の成績《せいせき》を始め、みなさんの将来《しょうらい》にさまざまなよい影響《えいきょう》をもたらしてくれます。

エリクソン博士《はかせ》は、この結論《けつろん》に加《くわ》えて、上達《じょうたつ》するための大事な条件《じょうけん》をもうひとつ追加《ついか》しています。

「練習をするときは、今の実力よりほんの少しだけ難《むずか》しい課題《かだい》に挑戦《ちょうせん》することだ」。

私たちも、エッセイを書くときは、ほんの少しだけ難《むずか》しい目標《もくひょう》を設定《せってい》してみましょう。

エッセイってどんな文章？

エッセイとは、自分の考えや意見を、読者にわかりやすく伝《つた》わるように書いた文章のことです。

言うなれば、自己紹介文《じこしょうかいぶん》やブログなどに書かれた文章もエッセイです。ユーチューブなどの動画でも、レビュー系《けい》やファッション系《けい》など配信者《はいしんしゃ》が意見を述《の》べているものは、エッセイをトークに置《お》き換《か》えたものだと考えることができるでしょう。

エッセイからは、著者《ちょしゃ》がどういう人なのかもうかがい知ることができます。アメリカの大学入試《にゅうし》では、試験官《しけんかん》はエッセイのできばえを注意深く見ています。エッセイの文面から、志願者《しがんしゃ》の考え方や観点《かんてん》、思考力、文法力《ぶんぽうりょく》のほか、時間内で求《もと》められる成果《せいか》を出す計画性《けいかくせい》など、どういう性格《せいかく》の持ち主かまでがつかみ取れるからだそうです。

意見をすじ道立てて書くエッセイは、学校で習う「小論文《しょうろんぶん》」とも同じ様式です。小論《しょうろん》文《ぶん》も、自分の意見や考えを主張《しゅちょう》するために、ぴったりの根拠《こんきょ》をベースにして論理的《ろんりてき》な文章を書きますよね？　エッセイも同じ構造です。オレオ公式を身につければ、エッセイも小論文《しょうろんぶん》もどんどん書けるようになります。

オレオ公式を身につけたら、「ハーバード式エッセイ（中・長文）」にチャレンジ

ハーバード式エッセイ（中・長文）の練習は、オレオ公式を使った「1日10分作文」でロジカルな作文の書き方が身についた後で着手すると効果的です。たとえば、小学4年

生の時に「1日10分作文」を始めた人なら、小学6年生に上がるころにはかなりのライティング力がついているので、ハーバード式エッセイ（中・長文）にチャレンジするのに実力は十分と言えます。

もちろん、6年生になる前でも、600字（原稿《げんこう》用紙1枚《まい》半）程度《ていど》のエッセイがスラスラ書けるようになっていれば、どんどんチャレンジして構《かま》いません。エリクソン博士《はかせ》が言ったとおり、チャレンジは、「今の実力よりほんの少しだけ難《むずか》しい課題《かだい》に挑戦《ちょうせん》すること」が大切ですからね。

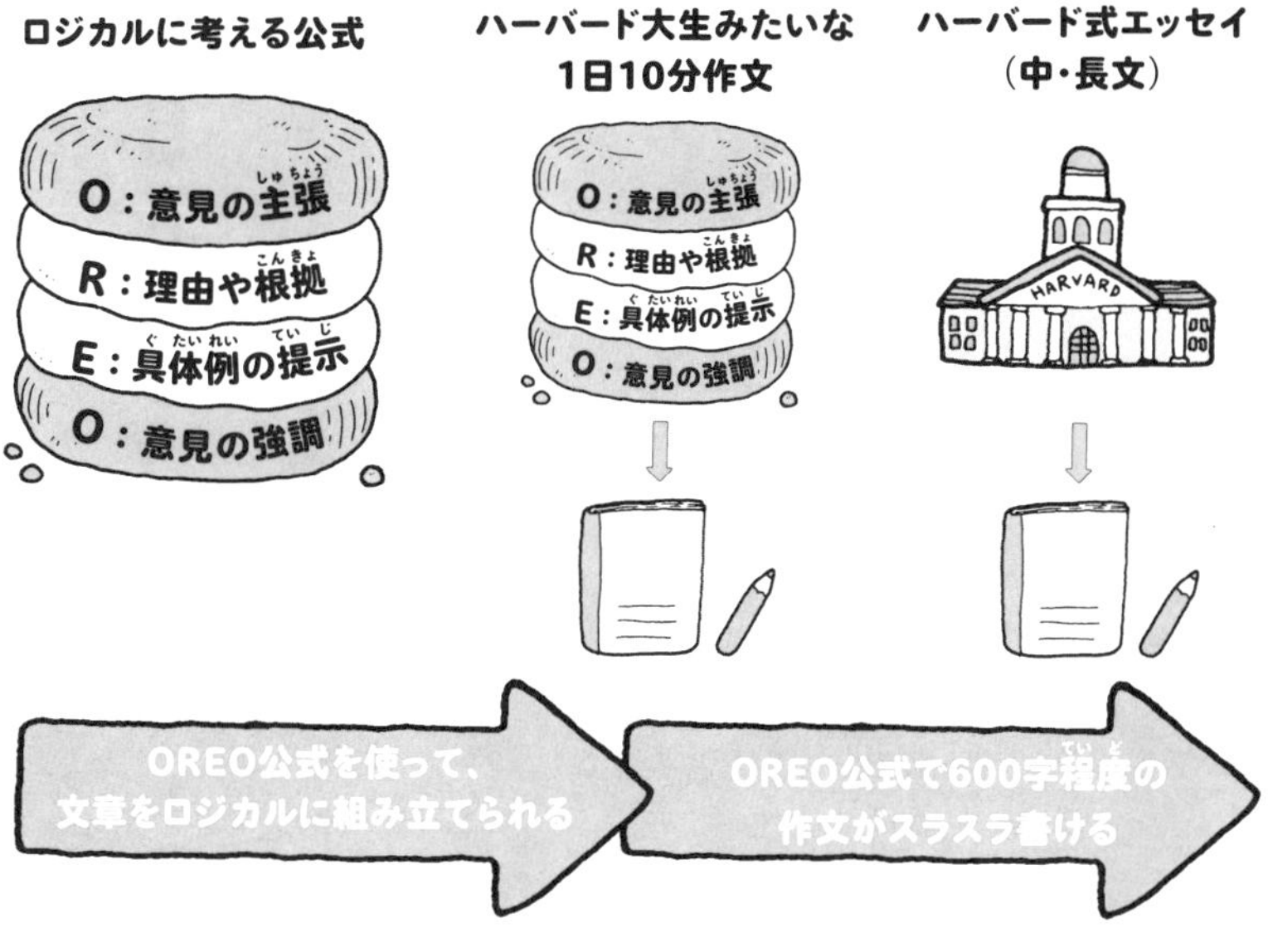

ハンバーガーみたいな、ハーバード式エッセイの5ステップ

中・長文のエッセイも、「ハーバード大生みたいな1日10分ライティング」法で練習を積《つ》んできたみなさんなら難《むずか》しくありません。

中・長文も、書きかたはこれまでと同じです。

まずは何を書くか、テーマを決めます。次に、O-R-E-Oそれぞれの段落《だんらく》ごとに要点《ようてん》（大すじ）を書き、それをひとつに合体させてエッセイの下書き（骨組《ほねぐ》み）を完成《かんせい》させます。中・長文の場合は、設定された文字数にしたがって各段落をふくらませればいいのです。何度も読み返して文章を整えれば（この作業を少し難《むずか》しい言葉で、「推敲《すいこう》する」といいます）、中・長文のハーバード式エッセイが完成します。

ハーバード式エッセイ（中・長文）を書く5ステップ

1 テーマを決める。

2 オレオ公式で「O-R-E-O」の大すじを作る。

3 「O-R-E-O」それぞれの段落《だんらく》を作文する。文字数に合わせて「R」や「E」を増《ふ》やす。

4 4つの段落《だんらく》を合体させて1本のエッセイ（下書き）を作る。

5 下書きを推敲《すいこう》する。完成《かんせい》したら公開する。

ハーバード式エッセイ（中・長文）を書く5ステップ

① **テーマを決める。**

② **オレオ公式で「O-R-E-O」の大すじを作る。**

③ **「O-R-E-O」それぞれの段落《だんらく》を作文する。**

④ **4つの段落《だんらく》を合体させて1本のエッセイ（下書き）を作る。**

⑤ **下書きを推敲《すいこう》する。完成《かんせい》したら公開する。**

オレオ公式で中・長文のハーバード式エッセイを書いてみる

短い文章で作られたオレオ公式の構造《こうぞう》を、クッキー〔主張《しゅちょう》〕でクリーム〔理由や根拠《こんきょ》〕を挟《はさ》んだオレオクッキーでイメージしたように、ハーバード式エッセイ（中・長文）の構《こう》造《ぞう》はハンバーガーをイメージするとよいでしょう。

ハンバーガーは、メインの具となるハンバーグと、付《つ》けたしとなる野菜《やさい》をパンで挟《はさ》んでいますよね？

ハンバーガーが「パン＋ハンバーグ＋野菜《やさい》＋パン」で構成《こうせい》されているように、ハンバーガーエッセイは、パン〔書き出し＝意見の主張《しゅちょう》〕の次に、メインとなるハンバーグ〔エッセイのメインテーマ＝理由の説明《せつめい》〕、次にハンバーグの付《つ》けたしとなる野菜《やさい》〔メインテーマの付《つ》けたし＝具体例《ぐたいれい》の提示《ていじ》〕、最後《さいご》にもう一度パン〔結論《けつろん》＝意見の強調〕という構造《こうぞう》になっています。

オレオ公式よりもひとつひとつの具材《ぐざい》（要素《ようそ》）をていねいに書き、ボリュームをふくらませるイメージです。このハンバーガーの構造《こうぞう》を使うと、誰《だれ》でも長い文章をロジカルに書き進めることができます。

おいしい"ハンバーガーエッセイ"を書こう

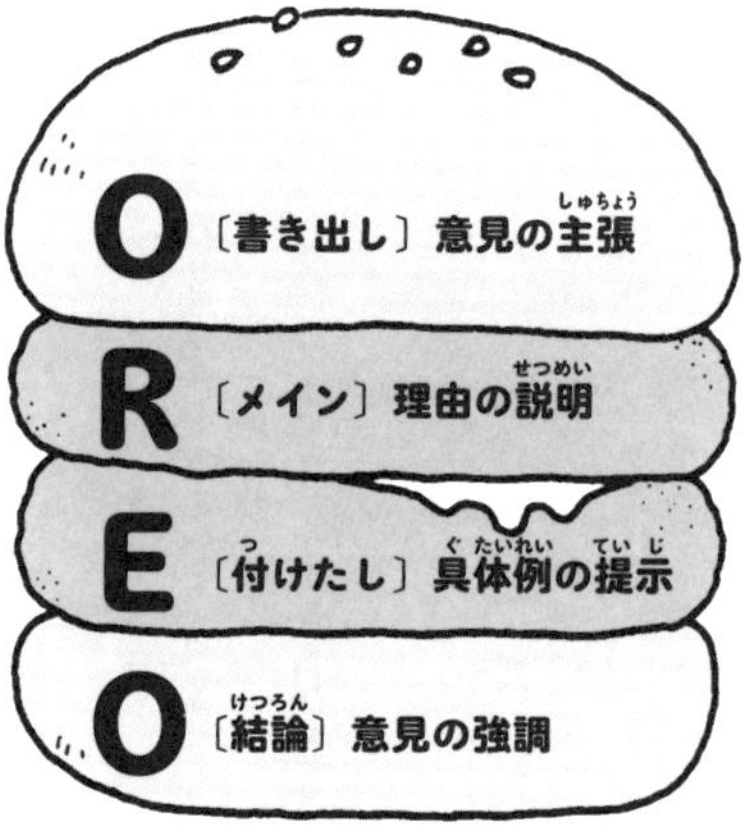

おうちの方へ

日本における中学受験の小論文試験では、「文法の正確さ」と「意見が論理的につづられているか」の2点が求められます。小論文対策にも論理的な作文が得意なオレオ公式が最適です。ぜひ活用してください。

エッセイ上達《じょうたつ》のための3つの約束《やくそく》

「ほんの少しだけ難《むずか》しいけれど、魅力的《みりょくてき》な目標《もくひょう》」であるハーバード式エッセイ（中・長文）にチャレンジするとき、次の3つの約束を守ると、上達《じょうたつ》のスピードが上がります。

これは現役《げんえき》のハーバード大生たちも守っている約束《やくそく》です。

1 毎日書く

ハーバード大学の学生たちは、毎日の課題《かだい》や授業《じゅぎょう》の準備《じゅんび》に追われながらも毎日エッセイを書いています。この継続《けいぞく》があるから、エッセイの実力が高まるのです。みなさんも毎日書くことを心がけてください。中・長文のエッセイは、オレオ公式で短いエッセイを書いていたときよりもずっと時間がかかると思います。一日のうちのいつなら毎日取り組めるのか、計画を立てて実行してみましょう。

大事なことは、エッセイを学校の宿題と同じように考えると楽しくなくなってしまうため、ひとつの趣味《しゅみ》のように、楽しみながら書くことです。

2 テーマをひとつにしぼって書く

楽しみながら書くためにも、中・長文エッセイのテーマはみなさんが興味《きょうみ》のあることや、好きなことにしぼるといいでしょう。野球が好きな人なら、「あの球団《きゅうだん》はなぜ強いのか」「なぜ日本では野球が人気スポーツなのか」など、野球に関連《かんれん》するテーマを探《さが》して書くのもいいでしょう。テーマを好きなジャンルにしぼると負担《ふたん》なく書けます。

3 レビューをもらう

書き終《お》えたエッセイは、必《かなら》ず誰《だれ》かに読んでもらってレビュー（感想）をもらいましょう。自分以外の第三者の目を通すことで、自分の文章が読み手にきちんと伝《つた》わっているのかを確認《かくにん》することができます。また、レビューをもらえるようになると、書くときに読み手の反応を想像《そうぞう》しながら書けるようになります。読み手を意識《いしき》するので、より客観的《きゃっかんてき》に文章が書けるようになるのです。ハーバード式エッセイの練習を友達《ともだち》と一緒《いっしょ》に始めて、お互《たが》いに読み合いっこするのもいいでしょう。

ブログにアップする

この3つの約束《やくそく》を難《なん》なくクリアできる方法《ほうほう》があります。それは、書いたエッセイをインターネット上にアップロードすることです。

文章に限《かぎ》らずですが、人から見られることで、より高いパフォーマンスを発揮することができるものです。文章の場合は、読者がいて文章に対しての反応《はんのう》があると、もっと書こうというやる気につながるのです。

特《とく》にブログのようなオープンな場でたくさんの読者に読んでもらうことで、楽しいという感覚《かんかく》をいち早くつかむことができます。もちろん、自分とは反対の意見に触《ふ》れることもあるでしょう。さまざまなレビューをもらうことも成長《せいちょう》につながります。

おうちの方へ

ニュージーランドのITリテラシーの専門家であるドロシー・バートさんは、子どもたちが楽しく書き続けられることを期待して、エッセイの宿題をブログにアップロードすることを試みます。アップロードされたエッセイは、先生やクラスメートのほか、保護者や親戚などたくさんの人たちが読んでコメントを残しました。それまでエッセイの授業が嫌いだった子どもたちも、自分の書いた文章にコメントがつき始めると、俄然やる気がわいて、熱心にエッセイを書きアップロードするようになったそうです。また、読者がいることで、子どもたちは作文の推敲にも一層力を入れるようになったといいます。

ＷＥＢ上に自分の文章がアップロードされることで子どもたちのモチベーションが倍増します。お子さんが希望するようなら、ＳＮＳ上にエッセイをアップロードするお手伝いをお願いします。また、お子さんのアップロードした文章には必ずコメントをつけるようにしてください。コメントが多くつくほど、子どもたちは書くことが楽しくなります。

文章を通じて読者と意見交換をすることで、オンライン上のコミュニケーションマナーも学ぶことになります。適切なコミュニケーションができるようにサポートしてあげてください。

書いた文章は何度も見直してこそ、完成《かんせい》する！

文章は一度書き終えてからが勝負です。実はハーバード大学の学生たちも、エッセイを書き終えた後、その文章を何度も修正《しゅうせい》しているのです。学生たちが提出《ていしゅつ》したエッセイは大学に所属《しょぞく》する専門家《せんもんか》たちが添削《てんさく》し、よりよい文章になるようにサポートしています。文章は、何度も修正《しゅうせい》を重ねてようやく完成《かんせい》するのです。

学生たちは、このように、「書く」⇒「添削《てんさく》」⇒「修正《しゅうせい》」という過程《かてい》を何度もくり返しながら、テーマを深く掘《ほ》り下げて考えることを学んでいきます。何よりもこの過程《かてい》を通して、書いた文章を推敲《すいこう》することの大切さを学んでいるのです。

自分が書いた文章に赤ペンで修正《しゅうせい》されるのは、誰《だれ》でもちょっと悲しく、時にはムッとしたりもするものです。しかしそれはくり返されることで慣《な》れていくものです。ハーバード大学の学生たちも、何度も添削《てんさく》されるうちに自分の書いた文章がどんどん完《かん》成度《せいど》の高い文章に変わっていくのを目《ま》の当たりにし、怖《こわ》がらずに文章を書き、提出《ていしゅつ》できるようになっていきます。

作文を書くことに抵抗《ていこう》のあるみなさんも、怖《こわ》がることはありません。最初《さいしょ》からうまく書ける人などいないのです。新聞も本も、教科書だって、プロが書いた文章を何度も修正《しゅうせい》して、完成度《かんせいど》を高めたものが掲載《けいさい》されているのですよ。

さあ、怖《こわ》がらずに書いて、どんどん修正《しゅうせい》しましょう。

何度も見直して完成《かんせい》するハーバード式エッセイ

書く　推敲《すいこう》　シェア

「推敲《すいこう》の3ステップ」のルール

スマートフォンがアップデートをくり返しながらどんどん使いやすくなるように、文章もアップデートが重要《じゅうよう》です。文章をよりよいものにするため、文章を書き終えたなら、次に紹介《しょうかい》する「推敲《すいこう》の3ステップ」を必《かなら》ず行いましょう。

1 音読する

赤ペンを片手《かたて》に、最初から最後まで声に出して読んでみましょう。自分の意図が伝《つた》わるようにうまく書けているでしょうか？　声に出して読んでいくと、つながりが不自然《ふしぜん》だったり、表現《ひょうげん》の間違《まちが》いがあるところで引っかかるため、修正《しゅうせい》ポイントがすぐに発見できます。修正《しゅうせい》が必要《ひつよう》なところを赤ペンでチェックしましょう。また、読みづらい部分、発音しにくい部分にもチェックをしておきましょう。後でもっといい表現《ひょうげん》がないか考えるためです。

2 少し間をおいてから読む

書き終えてすぐに読み返しても、自分が書いた内容《ないよう》が頭の中に残《のこ》っているので、間違《まちが》いやおかしな部分に気づきにくいものです。少し経《た》ってから読み直すと冷静《れいせい》な視点《してん》で読むことができるので、効果的《こうかてき》に修正《しゅうせい》することができます。

3 ボリュームに合わせて簡潔《かんけつ》にする

だらだらとした長い文章は読みづらいものです。しかし、書きたいことをいきおいまかせに書いていると、どうしても文章が長くなってしまいます。推敲段階《すいこうだんかい》で修正《しゅうせい》するときは、できるだけ短くすっきりとなるように整えましょう。文字数の制限《せいげん》を超《こ》えている場合は、どこを削《けず》る（捨《す》てる）かもよく考えましょう。

おうちの方へ

お子さんの推敲作業をサポートしてあげてください。ただし、いきなり正解の表現や大人びた表現を教えるのではなく、お子さんが推敲する手助けをするように心がけてください。推敲して、最初の文章より少しでもよい文章になれば、それで十分です。

書くネタを探《さが》そう！

ハーバード大学が学生たちの文章力を向上させるために取り組んでいることが、実はもうひとつあります。それは「多読《たどく》（本をたくさん読むこと）」です。

大学では学生たちに、文章を書くことと同じくらい、いえ、それ以上《いじょう》の時間を「本を読むことにあてなさい」といっています。

ロジカルなエッセイを書くときに欠《か》かせないのが、自分の主張《しゅちょう》や意見を裏付《うらづ》ける参考《さんこう》例《れい》や資料《しりょう》を文章内に盛《も》り込《こ》むことです。つまり、ハーバード大学が「本を読みなさい」というのは、こうした参考例《さんこうれい》や資料《しりょう》を集めるためにも、普段《ふだん》からたくさんの本に目を通し、内容《ないよう》を理解《りかい》して、自分の頭の中にストックしておきなさいと言っているわけです。

このため、ハーバード大学ではライティングの授業の時も、ひとつのテーマに対してたくさんの資料《しりょう》を読むようにすすめています。

アメリカの人気ホラー小説《しょうせつ》作家、スティーブン・キングもこんなことを言っています。「（作家になりたいなら、）何はともあれ、たくさん読んで、たくさん書きなさい。そこで自分自身を教え込《こ》むことが、何よりも大きな成果《せいか》を生むのです」

スティーブン・キングでさえ「よい文章を書きたいなら本をたくさん読みなさい」と言っています。文章を書くのが上手な人というのは、同時に大変《たいへん》な読書家でもあるものです。スティーブン・キングが言うように、たくさんの本を読むことは、文章を書く上で大変勉強になります。すばらしい表現《ひょうげん》であったり、主張《しゅちょう》であったり、文章を表現《ひょうげん》する切り口であったり……。すばらしい文章は、学ぶべきポイントの宝庫《ほうこ》だからです。

こうしたたくさんのインプットが、みなさんが文章を書くときの材料《ざいりょう》となります。

書くことは、読むこと

インターネット時代に生きる私たちは、昔の人たちに比べると、読んでいるテキスト量《りょう》自体は増《ふ》えているそうです。しかし、スマホで読むことが主流になった今、その文章は短くて簡単《かんたん》に書かれたものが多く、せっかく文字をたくさん読んでいるのに読解力《どっかいりょく》の向上まではあまり期待できません。

文章を読み取る読解力《どっかいりょく》は、文章を書く上でも必要《ひつよう》なのです。この読解力《どっかいりょく》は、2〜3日がんばったところで身につくようなものではなく、長い努力《どりょく》が必要《ひつよう》なことはみなさんももうわかりますね。しかし、この読解力《どっかいりょく》を少しでも早く身につけられる方法《ほうほう》があります。読解力《どっかいりょく》を早く身につけるには、書かれた文章をそのまま書き写す「視写《ししゃ》」がおすすめです。みなさんも国語の時間にやったことがあるかもしれませんね。

文章を手書きで直接《ちょくせつ》書き写すことは、ただ黙読《もくどく》をするよりもずっと理解力《りかいりょく》を高めます。書くときに必要《ひつよう》な「言葉のまとまり」や「文章のまとまり」などの情報《じょうほう》、作者が意見をどう展開《てんかい》しているのか、段落《だんらく》の分け方などのテクニックまで、視写《ししゃ》をしながらたくさんのことを学び、読解力《どっかいりょく》も高まります。

視写《ししゃ》するお手本には、子ども向けの新聞の記事がおすすめです。文章のプロが書き、何度も推敲《すいこう》したすばらしい文章であると同時に、内容《ないよう》も面白く、ためになるものが多いので楽しく視写《ししゃ》することができます。

いいネタを探《さが》して、組み立てる

ある有名なシェフに、おいしい料理《りょうり》を作る秘訣《ひけつ》は何かと聞いたところ、「料理《りょうり》は素材《そざい》がすべてです」という答えが返ってきました。肉も野菜《やさい》も、新鮮《しんせん》でおいしいものを使えば、料理《りょうり》もおいしくなるというわけです。

実は、文章を書くことも同じで、素材《そざい》（ネタ）が命です。自分の主張《しゅちょう》を伝《つた》えるときに、すばらしい素材《そざい》を活用することができれば、その文章の格《かく》が上がるのです。頭の中にある考えは、どうしても自分目線で考えた主観的《しゅかんてき》なものです。これだけでは読み手も納得《なっとく》してくれません。オレオ公式のR（理由）とE（例《れい》）にあたる部分がロジカルにつながってこそ、読み手も「なるほど」と納得《なっとく》できるのです。

では、どうしたら効率《こうりつ》よく素材《そざい》を集めることができるでしょうか。ふだん本を読むときに、次の点に気をつけながら読むと、書くための素材《そざい》が集めやすくなります。

文章の素材の集め方

1 資料《しりょう》となる本を読みながら、自分が書こうとする文章に使えるかもしれないと感じた部分にしるしをつける。

2 本を読み終えた後、しるしをつけた部分をノートに写すなどしてまとめる。

3 本1冊につきひとつずつ、タイトルや説明をつけてまとめておく。

こうして集めた素材《そざい》は、パズルのピースのようなものです。パズルを組み立てるときに数が多いほど複雑《ふくざつ》なものができあがるように、文章を書くときも素材《そざい》が多いほうがよいものに仕上がります。

作文終《お》わった!
遊びに行くぞ〜!
すごい!
よく書けてる!!

ふろく

「ハーバード大生みたいな1日10分作文」
ワークブック

「ハーバード大生みたいな1日10分作文」ワークシートの使い方

1

「ハーバード大生みたいな1日10分作文」ワークシートは、アメリカの小学生たちが学校や家庭で練習している「オレオ作文法（OREO Writing Method）」をベースにしたワークブックです。ハーバード大学や世界的《せかいてき》な企業《きぎょう》も取り入れているロジカルな思考法《ほう》のトレーニングに最適《さいてき》な作文法《ほう》に、私たちもチャレンジしてみましょう！　もしたくさん書きたくなっても、まとめて一気に書かないこと。1日10分でいいので、3週間は毎日書くようにしましょう。

2

このワークブックでは、ロジカルに考えて文章を書けるように、3ステップでゆっくりとガイドします。182・183ページのワークシートの枠《わく》の通りに書くことで、真っ白なノートにいきなり書き始めるよりもずっとラクに作文できます。

3

小学校4年生になると、読んだり経験《けいけん》して学んだことを、仕分けたり、整理して表《ひょう》現《げん》する力が求《もと》められます。学校の授業《じゅぎょう》でも、ロジカルな考え方が必要《ひつよう》になります。オレオ公式で文章を書くことで、みなさんの頭の中も一生役に立つ、ロジカルな思考法《ほう》に適応《てきおう》していきます。

4

ワークシートはコピーして、3週間（21日間）は毎日続《つづ》けましょう。次のページの実《じっ》践例《せんれい》を参考《さんこう》に、みなさんもこの本で学んだことを生かして作文してみましょう。

5

何を書いたらいいのかテーマにまよったら、184ページから掲載《けいさい》されている「練習テーマ100」のリストを参考《さんこう》にしてください。そのほか、ニュースで話題の社会問題や、自分がもっと知りたいこと、なぜか気になっていることなどをテーマにするのも面白いでしょう。自分が書きにくいテーマや書きたくないテーマを無理《むり》に選《えら》ぶ必要《ひつよう》はありません。

ハーバード大生みたいな1日10分作文

4 1日目

7月1日

名前 佐藤タケシ

1 ステップ 1 テーマを決める

自分のお年玉を自分で管理する

2 ステップ 2 オレオ公式で文章を書く

O（意見の主張《しゅちょう》）

私は、お正月にもらうお年玉を自分で管理したいです。

R（理由や根拠《こんきょ》）

なぜかというと、そうすれば、自分のお金を自分でちゃんと管理できるようになると思うからです。

E（具体例《ぐたいれい》を示《しめ》す）

たとえば、友達の中には、もらったおこづかいやお年玉をおこづかい帳につけて管理したり、たまったら銀行に貯金している人もいます。

O（意見の強調）

だから、私も、自分のお金は自分で管理したほうがいいと思います。親戚からお年玉やおこづかいをもらったら必ず、おこづかい帳に記入します。お母さんにお願いして、私の銀行口座に貯金してもらいます。

3 ステップ 3 文章をつないでエッセイを完成《かんせい》させる

私は、お正月にもらうお年玉を自分で管理したいです。なぜかというと、そうすれば、自分のお金を自分でちゃんと管理できるようになると思うからです。たとえば、友達の中には、もらったおこづかいやお年玉をおこづかい帳につけて管理したり、たまったら銀行に貯金している人もいます。だから、私も、自分のお金は自分で管理したほうがいいと思います。親戚からお年玉やおこづかいをもらったら必ず、おこづかい帳に記入します。お母さんにお願いして、私の銀行口座に貯金してもらいます。

ワークシートは3ステップで練習します。ステップ1でテーマを決めて、ステップ2で、オレオ公式どおりに4文で作文します。ステップ3では、4文を順《じゅん》につないで1本のエッセイを完成《かんせい》させます。

1 テーマを決めるとき、もっとも中心となる単語《たんご》に意見を付《つ》け加《くわ》えると、テーマがはっきりします。この例《れい》では、中心となる単語《たんご》「お年玉」に、「自分で管理《かんり》したい」という意見を付《つ》け加《くわ》えています。

2 OREOの文章は、それぞれ3行以内《いない》で書いてください。それぞれの文の書き出しは、次のように始めてみると、すじの通ったロジカルな文章になります。この形で練習をくり返してもよいでしょう。

O（意見の主張《しゅちょう》）：私は、〜〜〜と思います／したいです。

R（理由や根拠《こんきょ》）：なぜなら／なぜかというと、〜〜〜だからです。

E（具体例《ぐたいれい》を示《しめ》す）：たとえば、〜〜〜。

O（意見の強調）：だから、〜〜〜するといいと思います。

3 ステップ2で書いた4つの作文を順《じゅん》につないで1本のエッセイを完成《かんせい》させます。短くても、自分の考えを理路整然《りろせいぜん》とした文章にすることができました。

4 ワークシートをコピーしてこれを3週間（21日間）続けてください。どんなことも、3週間毎日続けると習慣《しゅうかん》になります。三日坊主《ぼうず》タイプの人は、友達《ともだち》と一緒《いっしょ》に始めたり、おうちの人に応援《おうえん》してもらうのもいいでしょう。

ハーバード大生みたいな1日10分作文

○日目

○月○日

名前

ステップ1 テーマを決める

ステップ2 オレオ公式で文章を書く

O（意見の主張《しゅちょう》）

R（理由や根拠《こんきょ》）

E（具体例《ぐたいれい》を示《しめ》す）

O（意見の強調）

ステップ3 文章をつないでエッセイを完成《かんせい》させる

※コピーして使ってね。

ハーバード大生みたいな1日10分作文

◯日目

◯月◯日

名前

ステップ 1 テーマを決める

ステップ 2 オレオ公式で文章を書く

O（意見の主張《しゅちょう》）

R（理由や根拠《こんきょ》）

E（具体例《ぐたいれい》を示《しめ》す）

O（意見の強調）

ステップ 3 文章をつないでエッセイを完成《かんせい》させる

「ハーバード大生みたいな1日10分作文」練習テーマ100

❶ 昨日学校に行きたくなかったのはなぜ？　その理由は？

❷ 最近《さいきん》一番心配したことは？　どうやって解決《かいけつ》した？

❸ 最近《さいきん》好《す》きな科目は何？　なぜ好《す》きになったのだろう？

❹ 最近《さいきん》嫌《きら》いな科目は何？　なぜ嫌《きら》いになったのだろう？

❺ 最近《さいきん》読んだ本の中で友達《ともだち》にすすめたい本は？　その理由は？

❻ 習ってみたい外国語はある？　なぜ習いたいのだろう？

❼ もしまたコロナ禍《か》のような状況《じょうきょう》になって学校に行けなくなったら、どうやって勉強する？

❽ 一番記憶《きおく》に残っている社会科見学授業《じゅぎょう》は？　なぜそう思う？

9 一番記憶《きおく》に残っている遠足は？　なぜそう思う？

10 今日とても気分がよかった。なぜかな？

11 今日とてもおちこんでいた。なぜかな？

12 最近《さいきん》学校で楽しかったことは？　なぜ楽しかったのだろう？

13 勉強がつらい。なぜつらいのか。どうやって克服《こくふく》する？

14 時々学校に行きたくない。なぜ行きたくないのだろう？

15 塾《じゅく》をやめたい。なぜやめたいのだろう？

16 塾に行かずに友達《ともだち》よりいい成績《せいせき》を上げるには？

17 自分が考える自分の長所は？　なぜ？

18 友達《ともだち》からよく言われる自分の長所は？

19 自分の嫌《きら》いなところはどんなところ？

20 もし願《ねが》いごとが叶《かな》うなら何をお願《ねが》いする？　理由は？

21 大人になったら何の仕事がしたい？　理由は？

22 なりたい職業《しょくぎょう》につくためには、今何をすべきだと思う？

23 好《す》きなことを10個《こ》書いてみて。気がつくことはある？

24 嫌《きら》いなことを10個《こ》書いてみて。気がつくことはある？

25 最近《さいきん》、不登校の子どもたちが増《ふ》えている。なぜだと思う？

26 好《す》きなだけ遊べるなら何をする？ その理由は？

27 好《す》きな人と遊ぶなら誰《だれ》と遊ぶ？ その理由は？

28 ほめられて一番うれしいことは何？ それはなぜだろう？

29 人から言われて一番いやなことは何？ それはなぜだろう？

30 成人《せいじん》したら真っ先にやりたいことは何？ その理由は？

31 今一番会ってみたい人は誰《だれ》？ なぜ会いたいのかな？

32 将来《しょうらい》子どもがほしい？ それともほしくない？ その理由は？

33 （女の子向け）将来《しょうらい》、子どもを産《う》んでも仕事を続ける？

34 （男の子向け）将来《しょうらい》、結婚した相手が子どもを産《う》んでも仕事を続けたいと言ったらどうする？

35 最近、一番検索《けんさく》していることは何？ それはなぜかな？

36 もしスマホに新しい機能《きのう》を追加《ついか》するならどんな機能《きのう》をつける？

37 望《のぞ》みの大学に行けるなら、どこの大学に行きたい？　なぜそこなのかな？

38 最近《さいきん》、親に対して一番腹《はら》が立ったことは？

39 最近《さいきん》、親に対して一番感謝《かんしゃ》したことは？

40 親に対して、これだけはやめてほしいと思うことは何？

41 親に対して、これだけはやってほしいと思うことは何？

42 生まれ変《か》わるなら、一人っ子ときょうだいがいるのとでは、どちらがいい？

43 友達《ともだち》の中で、真似《まね》したくなるような友達《ともだち》はいるかな？　なぜその子なのかな？

44 最近《さいきん》、友達《ともだち》に一番腹《はら》を立てたのはいつ？　なぜ腹《はら》が立ったのだろう？

45 自分のことを好《す》きでいてくれる友達《ともだち》はいる？　なぜ好《す》きでいてくれるのだろう？

46 お母さんお父さんが言っているグチでくだらないと思うことは？

47 大人に無視《むし》されていると感じるときはある？　なぜそう思う？

48 友達《ともだち》に嫌《いや》がらせをされたときはどうする？　なぜその行動《こうどう》を取るのかな？

49 片《かた》思いの相手がぜんぜん振《ふ》り向いてくれないときはどうする？

50 あこがれの有名人は誰《だれ》？　それはなぜ？
51 誰《だれ》かにあやまりたい過去《かこ》のできごとはある？
52 自分のSNSに変《へん》なコメントがついたときはどうする？
53 もしゲーム開発者だったら、どんなゲームを作りたい？
54 好《す》きなユーチューブチャンネルは何？　なぜ好きなのかな？
55 自分がアイドルをプロデュースするならどんなアイドルにする？　その理由は？
56 もし休みが週3日になったら、何曜日を休みにする？　その理由は？
57 一年のうちで一番好《す》きな季節《きせつ》はいつ？
58 一年のうちで一番嫌《きら》いな季節《きせつ》はいつ？
59 お母さんお父さんに自分が愛《あい》されているなと感じるときはどんなとき？
60 お母さんお父さんに言われてうれしいことは？　それはなぜ？
61 もし思いがけない相手から告白《こくはく》されたらどうする？
62 もし好《す》きな相手に思いを伝《つた》えるなら、どうやってする？
63 悩みがあるときは誰《だれ》に相談する？　なぜその人なのだろう？

64 友達《ともだち》と一緒《いっしょ》のとき、自分がしゃべるほう？　それとも聞き役？　それに自分は満足《まんぞく》している？

65 今一番上手になりたいことは何？　それはなぜ？

66 小学生がメイクすることをどう思う？　なぜそう思う？

67 見た目で一番気をつけていることは何？　それはなぜ？

68 今一番かわいいと思う芸能人《げいのうじん》は誰《だれ》？　なぜそう思う？

69 外見より中身が重要《じゅうよう》だと言う人が多いけれど、どう思う？

70 友達《ともだち》の中で魅力的《みりょくてき》だと思う人はいるかな？　なぜそう思う？

71 整形手術《しゅじゅつ》についてどう思う？　それはなぜ？

72 最近《さいきん》買った高価《こうか》なものは何？　なぜそれを買ったの？

73 今日インターネットで何か興味《きょうみ》のある記事はあった？

74 子どもたちがすぐに悪い言葉を使うのはなぜだと思う？

75 イライラしたとき、どうやって解消《かいしょう》している？　なぜそれをすると解消《かいしょう》できる？

76 自分が習慣《しゅうかん》にしていることで、自慢《じまん》できることは？

77 もし知り合いの大人から体をベタベタ触《さわ》られたらどうする？

78 文句《もんく》ばかり言ってくるクラスメートがいたらどうする？

79 ダンス、楽器《がっき》、絵など、芸術的《げいじゅつてき》な活動でやってみたいことはある？

80 自分の家をもっと住みやすくするためにはどうしたらいい？

81 行ってみたい国はどこ？　その理由は？

82 休みの日の過《す》ごし方で一番好《す》きなのは？　それはなぜ？

83 一番好《す》きな食べ物は何？　なぜ好《す》きなのかな？

84 一番嫌《きら》いな食べ物は何？　なぜ嫌《きら》いなのかな？

85 大人が言うことで一番理解《りかい》できないことは？　なぜそう思うのだろう？

86 犬と猫《ねこ》、どっちが好《す》き？　それはなぜ？

87 好《す》きな遊びは何？　それはなぜ？

88 家のお手伝《てつだ》いをするならどの仕事を選《えら》ぶ？　それはなぜ？

89 今住んでいる地域《ちいき》のいいところは？　なぜそう思うのだろう？

90 今住んでいる地域《ちいき》の嫌《きら》いなところは？　なぜそう思うのだろう？

91 通っている小学校の好《す》きなところは？　なぜ好《す》きなのかな？

92 通っている小学校の嫌《きら》いなところは？　なぜ嫌《きら》いなのかな？

93 今学期、がんばりたいことは何かな？　なぜそれを選《えら》んだ？

94 戦争《せんそう》をなくすにはどうしたらいいと思う？　それはなぜ？

95 今一番ハマっていることをおうちの人におすすめしてみて。

96 今までで一番がんばったことは何？

97 家にある家電でないと一番困《こま》るものは何？　なぜそれを選《えら》んだ？

98 無人島《むじんとう》に家からひとつだけ持って行くとしたら何を持って行く？　なぜそれを選《えら》んだ？

99 最近《さいきん》のニュースで気になっていることは？　なぜそれが気になるのかな？

100 100万円もらったら何に使う？

著者プロフィール

ソン・スッキ（송숙희）

大韓民国を代表するライティング・コーチ。ソン・スッキ作文センター、アイデアウイルス代表。1965年生まれ。稼げるライティングソリューションを提供し、企業と個人のマーケティングコンサルティングを担う。慶熙大学校にて国語国文を専攻し、卒業後は、放送局、広告代理店、新聞社、雑誌社、女性向けポータルサイト、出版社などで経験を積む。執筆活動歴35年、ライティング指導歴20年。『魅力ある単語、魅惑の文章』『書き写しの奇跡』など、韓国で多数の著書を上梓し、『150年ハーバード式ライティングの秘密』（いずれも日本未邦訳）は10万部を超えるベストセラーになっている。

訳者プロフィール

岡崎暢子（おかざき・のぶこ）

韓日翻訳・編集者。1973年生まれ。出版社はじめ各種メディアで韓日翻訳に携わる。訳書に『あやうく一生懸命生きるところだった』『どうかご自愛ください』『教養としての「ラテン語の授業」』（以上ダイヤモンド社）、『頑張りすぎずに、気楽に』（ワニブックス）、『K-POP時代を航海するコンサート演出記』（小学館）など。編集書に『小学生が知っておきたいからだの話（男の子編／女の子編）』（アルク）などがある。

イラスト	ヒダカナオト
装丁	西垂水 敦・内田裕乃（krran）
本文デザイン	沢田幸平（happeace）
DTP	茂呂田 剛（M&K）
用語監修	山口謠司
校正	麦秘アートセンター

초등학생을 위한 150년 하버드 글쓰기 비법 by Suki Song

作文宿題が30分で書ける！

秘密のハーバード作文

2024年4月10日　初　　版
2024年7月11日　初版第4刷

著者	ソン・スッキ
訳者	岡崎暢子
発行者	菅沼博道
発行所	株式会社CCCメディアハウス
	〒141-8205　東京都品川区上大崎3丁目1番1号
	電話　049-293-9553（販売）　03-5436-5735（編集）
	http://books.cccmh.co.jp
印刷・製本	株式会社新藤慶昌堂

ISBN978-4-484-22257-8